AF359853

PARIS
**50**
centimes

# BIBLIOTHÈQUE OMNIBUS
### ILLUSTRÉE
Histoire, Romans, Chroniques, Procès, Théâtres, Voyages, etc.

PROVINCE
**60**
centimes

## BENJAMIN GASTINEAU

## LE
# CHEMIN DE LA FORTUNE

## L'ORPHELINE DE WATERLOO

LIBRAIRIE MODERNE

19, BOULEVARD DE SÉBASTOPOL (rive gauche) — GUSTAVE HAVARD, ÉDITEUR — 48, RUE DE LA HARPE (rive gauche)

# LE
# CHEMIN DE LA FORTUNE
## — L'ORPHELINE DE WATERLOO —

### PAR
### BENJAMIN GASTINEAU

En 1821, le jour même où la France venait d'apprendre la mort de Napoléon, un de ses vieux soldats s'éteignait obscurément au fond d'une petite province. C'était un de ces hommes qui passent inaperçus en faisant tout simplement des choses sublimes; qui, après avoir reçu deux ou trois blessures en 93, trois ou quatre sous l'Empire, reviennent tranquillement exercer leur métier de cordonnier ou de tonnelier dans une petite bourgade. Personne ne parle d'eux, et pour une bonne raison, c'est qu'ils ne parlent de personne. Toute leur vie, c'est l'action.

Après avoir traversé dans sa longueur le bourg de Saint-Aubin (ce qui ne demande pas beaucoup de temps), nous arrivons, à l'extrémité du chemin, devant une maisonnette, la dernière du bourg. Nous entrons dans la salle du rez-de-chaussée, et nous regardons autour de nous.

La salle offre à l'œil un carré long.

Au premier plan, une grande huche, au-dessus une fournée de dix-neuf pains enfilés dans un bâton; à notre droite une croisée devant laquelle sont entassés des souliers et tout ce qu'il faut pour en confectionner. A notre gauche, une cheminée: au-dessus pendent le portrait en pied de Napoléon, une croix d'honneur et un bonnet de police aussi vieux que son maître. Plus haut, un fusil repose sur des crochets en fer; à la suite de la cheminée s'étend un grand lit sur lequel retombent des rideaux de serge verte entr'ouverts en ce moment.

Voilà le décor. Arrivons aux acteurs.

Le père Bernard est couché dans son lit. Ham! visage qui s'éteint, vieille moustache qui tombe... En face de lui sont placés, — chacun sur sa chaise, — Joseph et Jacques, garçons de vingt à vingt-deux ans.

Le visage de Joseph ne reflète aucun sentiment. Jacques, au contraire, suit avec anxiété les progrès de la mort, qui promène déjà ses ombres sur le visage du vieillard.

— Mon père, dit Jacques, voulez-vous une potion?

— Non, Jacques. C'est fini; je sens le frisson de la mort.

Puis le vieux soldat essaya de se soulever sur le coude, mouvement qu'il opéra avec l'aide de Jacques.

— Mes enfants, reprit-il, vous serez mes confesseurs. Avant de vous quitter, je veux, devant vous, passer en revue les actions de ma vie... comme faisait autrefois l'Empereur après la bataille. Écoutez-moi donc avec attention, toi surtout, Joseph, qui rêves je ne sais quelles grandeurs et quelles richesses chimériques...

« L'homme qui est arrivé au terme de sa route en connaît les ornières et les fondrières. Le chemin fait, on est assez bon juge du pas dont il faut le parcourir.

» Vous le savez, mes enfants, à peine avais-je fini mon apprentissage de cordonnier, que la Convention, déclarant la guerre à l'Europe, appela tous les citoyens aux armes. La patrie était en danger ! On nous vit courir aux frontières, les pieds nus, la faim au ventre, et nous emportâmes les redoutes de Jemmapes en chantant *la Marseillaise*. Je me suis toujours rappelé avec bonheur cette première victoire qui me décida à continuer la carrière militaire. Je fis presque toutes les campagnes de la République avec Marceau, Hoche, Carnot. Deux blessures furent ma récompense. Dans ce temps-là, ça nous suffisait. Vint Bonaparte, que je connus à Toulon, que je suivis en Italie et en Egypte, où je fus nommé sergent et décoré de sa main. L'an VIII, j'épousai votre mère, une brave et digne femme que je perdis cinq ans après mon mariage. Vous savez le reste, mes enfants. Après avoir rossé l'Europe pendant quinze ans, nous fûmes balayés en 1814, puis massacrés en 1815 à Waterloo. Je revins alors à Paris avec quelques débris de l'armée. Paris avait capitulé.

» C'est à ce moment que j'éprouvai l'émotion la plus terrible que j'aie jamais ressentie. Tandis que l'aristocratie et la bourgeoisie parisiennes donnaient des fêtes aux Anglais et aux Prussiens, et que les grandes dames se prostituaient à l'étranger, dont les mains étaient encore teintes du sang français, nous qui revenions, la plupart blessés, tous harassés, affamés, nous fûmes reçus comme des brigands. C'était à qui nous fermerait sa porte. Nous fûmes licenciés, et nous nous dispersâmes au delà de la Loire. Aussitôt que Louis XVIII fut réinstallé sur son trône, les royalistes organisèrent partout le massacre des bonapartistes.

» Voyant que tout était fini, que la France n'avait plus besoin de moi, je me retirai dans ce bourg, et je me remis à faire des souliers comme en 93. Avec le produit de mon travail, j'ai vécu, je vous ai élevés, et, grâce au petit héritage de mon pauvre frère, je vous laisse une somme qui vous permettra de prendre femme... deux mille francs en billets de banque que vous trouverez dans mon vieux portefeuille. »

Joseph fit un mouvement sur sa chaise. Son visage se colora d'une ardeur subite. Il jeta un coup d'œil furtif du côté du cabinet où se trouvait le portefeuille.

Jacques prit la main débile de son père et l'arrosa de larmes.

— Voilà mon histoire, mes enfants, reprit le vieux républicain. Qu'elle vous serve d'enseignement. Malgré toutes les horreurs de la guerre et tous les malheurs, j'ai vécu tranquille et je meurs tranquille, parce que j'ai trouvé mon bonheur dans l'accomplissement de mes devoirs. Au milieu des ambitions de toutes sortes qui surgirent autour de moi, je n'en eus qu'une, celle de vivre en honnête homme. N'ayez jamais que cette ambition-là, mes enfants; elle est la plus rare et la seule légitime. Si la patrie vous appelle, prenez le fusil comme les volontaires de 93; quand elle n'aura plus besoin de vos services, revenez faire des souliers, et surtout vivez en honnêtes gens. C'est ce que vous demande en mourant votre vieux père...

Et maintenant, mes enfants, ajouta le vieillard d'une voix qui s'affaiblissait graduellement, — votre main dans la mienne...

Jacques se jeta au pied du lit, mais Joseph n'obéit pas à la prière du vieux soldat... sans doute parce qu'il n'entendit pas ses paroles. Il était sous la puissance d'une hallucination. Son esprit, opérant une foule de métamorphoses, multipliait prodigieusement les mille francs de l'héritage paternel. Il possédait des millions... Ses vêtements rustiques étaient remplacés par un habillement superbe, sa cabane par un palais... Il était riche!... Oh! l'or le fascinait, l'enivrait... l'or ruisselait autour de lui... Il y plongeait déjà ses mains... lorsque le râle de son vieux père agonisant le réveilla en sursaut de ce songe ambitieux.

— C'est fini... — dit Jacques, la voix pleine de sanglots.

— Tant mieux ! murmura sourdement Joseph.


## II

Jacques passa la nuit près du cadavre du vieux soldat. Le lendemain matin, il suivit le corbillard au cimetière. Joseph, prétextant une indisposition subite, resta à la maison. Aussitôt que son frère se fut éloigné, il s'écria :

— Enfin... j'en suis débarrassé... je suis libre!... je n'entendrai plus ces mots ridicules de vertu et de devoir retentir à mes oreilles fatiguées... je suis enfin délivré pour toujours des sermons de mon père et de mon frère... car j'y suis bien décidé, je ne resterai pas plus longtemps dans cette cabane... Que vais-je faire?... mille francs... mille francs... mais pourquoi pas deux mille?... Cet argent n'appartient pas à Jacques... Lui, d'ailleurs, fera des souliers toute sa vie... il n'est bon qu'à cela... Et avec deux mille francs, moi, je m'enrichirais... à Paris... oui, j'irais à Paris... je ferais peut-être ma fortune!... Pourquoi hésiter? mon avenir en dépend. Jacques ne sera pas revenu du cimetière avant deux heures... Allons !

En proie à la fièvre d'ambition qui le dévorait, Joseph entra dans le cabinet de son père. Il ouvrit une petite commode, où il trouva deux billets de banque contenus dans un portefeuille. Il s'en empara convulsivement et sortit du cabinet.

— Maintenant, soyons prompt... Je puis monter en diligence à Chalonnes, et dans deux heures je serai sur la route de Paris!...

Ce disant, il prit un petit paquet de hardes, un bâton, et s'élança vers la porte.

Mais il heurta la petite Louise, enfant de seize ans, sans famille, élevée par charité à Saint-Aubin. Le matin, lorsqu'elle passait devant les maisons du bourg, les habitants l'appelaient du nom familier de la petite Louise, qu'elle avait conservé malgré son âge, et lui donnaient un morceau de pain ou quelque autre subsistance.

Elle n'était pas d'une beauté remarquable. Ses traits accentués, brunis par le soleil, ses cheveux et ses grands yeux noirs lui composaient une physionomie un peu rude pour une femme, mais elle avait cette belle expression mélancolique et pensive que le malheur empreint sur le visage de ceux qui ont souffert.

En apercevant la jeune fille, Joseph dit brusquement :

— Que veux-tu, Louise? Que viens-tu faire ici?

— T'apporter une triste nouvelle, répondit la pauvre fille. On connaît nos relations. Mon état de grossesse m'a trahie... A présent, c'est à qui me jettera la pierre. On me reproche le pain qu'on m'a donné... On m'appelle libertine, ingrate. M. le curé m'a fait venir chez lui et m'a dit que j'étais un objet de scandale, que je ne pouvais rester plus longtemps à Saint-Aubin. Abandonnée de tout le monde, que vais-je devenir? Plus de travail, plus de secours, plus de ressources... Joseph, sauve-moi... sauve-moi !...

— Oui... je trouverai un moyen... répliqua vivement Joseph... mais dans ce moment... impossible... il faut que je sorte... une affaire pressée... à Chalonnes.

— Oh! ce n'est pas vrai... — s'écria Louise, l'esprit éclairé d'une idée soudaine, — ce n'est pas vrai... Cet empressement à me fuir... ce paquet de hardes... Joseph, tu t'en vas de Saint-Aubin... Oh! mais pas sans moi, n'est-ce pas... pas sans moi!... Je me souviens... tu m'avais parlé d'aller à Paris... Je te suivrai partout... oui, partout...

— Eh bien oui, je vais à Paris. — Je suis las de vivre dans la misère et l'obscurité... mais il est impossible que tu me suives... on s'apercevrait de notre départ. Sois raisonnable... je t'écrirai, et aussitôt que j'aurai de l'argent, je te ferai venir...

Par un mouvement brusque, Louise ferma la porte entr'ouverte, et, se retournant résolue vers Joseph, elle lui dit d'une voix brève :

— Tu ne partiras pas sans moi !

— Je ne puis t'emmener, te dis-je...

Louise se jeta aux pieds de Joseph, et, s'enlaçant à ses jambes, lui dit en entrecoupant ses paroles de sanglots :

— Oh ! tu auras pitié de moi. Je vais être mère... Je te suivrai... je serai ta domestique... ce que tu voudras... mais, au nom du ciel, ne m'abandonne pas !...

— Laisse-moi passer !... s'écria Joseph d'une voix vibrante en cherchant à se dégager des étreintes de Louise.

— Non... non... sanglota la pauvre fille... tu ne partiras pas sans moi...

— Malheur à toi !... s'écria Joseph furieux en levant son bâton au-dessus de la tête de la jeune fille.

— Tue-moi si tu veux !... — dit Louise désespérée. — Mieux vaut être morte que maudite de tout le monde !...

— Arrière !...

Et Joseph, n'écoutant plus que sa colère et son aveugle ambition, assena un coup de son bâton sur la tête de la malheureuse enfant, qui jeta un cri et tomba évanouie, baignée dans son sang. Puis il ouvrit la porte et s'enfuit précipitamment dans la direction de la route de Chalonnes.

Une heure après, Jacques rentrait. Il heurta du pied le corps inanimé de Louise.

Il la souleva aussitôt dans ses bras et la porta sur le lit.

Louise reprit ses sens.

— Parti ! murmura-t-elle. Joseph... parti...

Par un mouvement instinctif, Jacques se dirigea vers le cabinet de son père.

Il le trouva en désordre.

Le portefeuille était ouvert sur la commode.

Il chercha, sans les trouver, les billets de banque.

— Le misérable ! s'écria-t-il, il les a volés !... O mon père, ajouta-t-il le cœur brisé, tu as bien fait de mourir... Vieux soldat de l'honneur, tu n'as pas été témoin du déshonneur de ta famille !

Jacques revint vers la blessée. Il prit sa tête dans ses mains et écarta ses cheveux souillés de sang. Le coup heureusement avait glissé sur l'os du crâne ; la blessure n'était pas dangereuse.

— Que s'est-il donc passé ? demanda Jacques.

— Ah ! je me rappelle, dit Louise... J'ai été frappée... Joseph s'est enfui à Paris... Oh ! je suis perdue, s'écria-t-elle en sanglotant.

— Non, répondit Jacques d'une voix brève. Que personne ne sache ce que Joseph a fait. Le frère réparera les fautes du frère. Louise, tout le monde vous abandonne aujourd'hui, mais ne vous désespérez pas. Vous êtes ici chez vous. Vous serez ma sœur, et votre enfant sera le mien.

Dans l'effusion de sa joie et de sa reconnaissance, la pauvre fille prit les mains de Jacques entre les siennes et les arrosa de ses larmes.

Jacques eut un mouvement de satisfaction inexprimable. Ses yeux tombèrent en ce moment sur la croix d'honneur du vieux soldat, appendue à la cheminée.

— Tu avais raison, mon père, — murmura-t-il en pressant la main de Louise, et les yeux fixés sur la croix d'honneur du vieux républicain, — le bonheur se trouve dans le devoir accompli.

### III

Joseph Bernard, une fois arrivé à Paris, ne perdit pas son temps à visiter les curiosités de la capitale. Il avait en tête une idée fixe : accroître son pécule de deux mille francs ; et il la mit bientôt à exécution.

En quête de tous les moyens de gagner de l'argent, flairant partout les traces du gibier, il apprit un jour à la Bourse qu'un certain Delamare avait fait fortune en prêtant à la petite semaine.

Son projet fut aussitôt arrêté que conçu.

Il loua près de la halle, dans la rue Saint-Denis, au fond d'une cour, un rez-de-chaussée composé de deux pièces, qu'il paya seulement 150 fr. par an, grâce à l'obscurité qui régnait continuellement dans cette demeure : car elle ne recevait le jour que par une lucarne.

L'obscurité ne l'effrayait pas. Bien au contraire, elle était propice au commerce qu'il voulait entreprendre.

Bernard meubla modestement ses deux chambres. Dans la première, il plaça un bureau d'occasion et trois ou quatre chaises communes, — le tout acheté à l'hôtel Bullion ; dans la seconde, il mit seulement un pot à beurre et un lit de sangle avec matelas et couvertures, — réservant l'espace qui lui restait pour ses futurs dépôts.

Ces dépenses faites, y compris son voyage, il lui restait encore 1,800 francs. On voit qu'il n'avait pas été prodigue.

Dès qu'il fut installé dans sa nouvelle demeure, il se fit connaître comme prêteur à la petite semaine.

Il y a à Paris une foule de petits commerçants qui sont les tributaires des usuriers à la petite semaine. Les femmes de la halle, les marchands d'habits, les revendeuses à la toilette et autres commerçants de pacotille sont obligés d'avoir ce qu'ils appellent un fonds de roulement. Lorsque cette avance, ce fonds de roulement leur manque, ils s'en vont l'oreille basse chez l'usurier, qui les étrille, car il ne leur prête pas à moins de 30, 40 et 50 pour cent pour un mois, une semaine, un jour, et quelquefois une heure ! Il est très-peu de personnes, même à Paris, qui connaissent une chose malheureusement trop vraie, le prêt d'argent à l'heure, des usuriers à l'heure... comme les fiacres.

Joseph Bernard eut bientôt sa clientèle de petits commerçants. Chaque matin ils faisaient pour ainsi dire queue à sa porte. Il fallait qu'ils eussent grand besoin d'emprunter, car l'usurier était assez dur dans ses conditions. Jamais il ne donnait son argent sans garantie ; il ne prêtait que sur gages. Lorsque les malheureux marchands ne pouvaient pas lui remettre à temps son capital avec les intérêts, qui doublaient quelquefois la somme par semaine, ils perdaient leur nantissement, qui valait deux ou trois fois la valeur reçue en espèces. Si bien qu'au bout de six mois d'exercice, Joseph Bernard eut sa seconde pièce pleine de toutes sortes d'objets acquis de la sorte.

— Eh !... eh !... je suis meublé, à présent ! disait-il en rentrant le soir dans sa chambre et en contemplant avec une joie égoïste ce qu'il avait arraché à la misère des petits commerçants.

Mais laissons Joseph Bernard continuer son commerce d'usure, et revenons à Saint-Aubin.

Aucun événement n'est survenu depuis notre absence, si ce n'est l'accouchement de Louise, qui a mis au monde une petite fille.

Jacques a tenu sa parole. Il a eu pour Louise les mêmes égards et les mêmes affections que pour une sœur. Il l'a recueillie, nourrie et soignée dans sa maladie. Malheureusement, les habitants de Saint-Aubin n'ont pas eu l'indulgence et la charité évangélique du fils aîné du vieux soldat. Ils n'ont pas pardonné à la petite Louise, ni oublié sa faute. Ils s'en rappelaient, et ils la lui rappelaient trop souvent.

Chaque soir, la pauvre jeune fille rentrait pâle et agitée, le visage sillonné par les traces de larmes récentes. Aux questions de Jacques, elle ne répondait que par des réticences et des phrases entrecoupées. Cependant, à force de l'interroger, Jacques apprit bientôt que ses larmes et sa tristesse avaient pour cause les outrages grossiers qu'elle recevait quotidiennement des habitants de Saint-Aubin. Jacques prit alors une résolution extrême, que lui dicta son cœur généreux. Malgré la douleur qu'il éprouvait à la pensée de quitter la cabane où il avait vu mourir son vieux père, il dit à Louise de se préparer à partir pour Paris. Elle protesta ; mais Jacques n'écouta ni ses protestations, ni ses prières. Il savait bien que la pauvre fille n'aurait pas résisté trois mois à cette vie d'humiliations...

Le grand voyage fut entrepris. Louise emmena son enfant avec elle.

Pendant ce temps là, le pécule de Joseph Bernard grossissait toujours. Notre usurier avait ajouté d'autres cordes à son arc. Il gagnait considérablement à endosser des billets et à les faire passer dans le commerce. Encore un petit métier qui n'est pas très-connu, quoique assez avantageux. En outre, il prêtait de plus grandes sommes : par an, il avait un gain double et triple. Tant et si bien qu'en moins de deux ans de ce *travail*, — en revendant, bien entendu, à un bénéfice immense les dépôts que des malheureux avaient été forcés de lui abandonner, — Joseph Bernard avait acquis — ou volé, — comme vous l'entendrez, — une somme ronde de dix mille francs.

En possession de ce trésor, il tenta un grand coup. Un homme vint le trouver, qui avait besoin précisément de dix mille francs pour compléter l'achat d'une ferme et de terres, de la valeur de trente mille francs, situées près de la Ferté-sous-Jouarre, à trois lieues de Meaux. C'était la ferme des Boteaux. Joseph consentit à lui donner cette somme, à la condition d'un réméré, — c'est-à-dire que si l'emprunteur ne lui avait pas remis l'argent prêté avec les intérêts, six mois après, au jour dit, à l'heure dite, la ferme des Boteaux appartiendrait en toute propriété à Joseph Bernard.

Oh! notre usurier connaissait à fond son droit. Il savait par cœur son Code. On peut en juger par ce réméré, — arme homicide, mais légale, qu'il avait exhibée de l'arsenal des lois.

L'emprunteur signa le réméré.

Six mois s'écoulèrent. Le jour du remboursement était arrivé.

Joseph Bernard attendait avec une impatience fébrile le coucher du soleil, moment où, faute du remboursement, il devenait légitime possesseur, moyennant dix mille francs, d'une propriété qui en valait plus de trente mille.

Dans son obscur réduit, au milieu d'une atmosphère putride, le coude appuyé sur son bureau, l'usurier regardait avec anxiété un mauvais coucou qui rendait un son rauque à chaque mouvement du balancier. Son cœur bondissait dans sa poitrine; son pouls battait trois pulsations à la seconde. Il avait la fièvre... la fièvre du gain!...

— Encore deux heures! murmura-t-il entre ses dents. Oh! s'il ne venait pas!

A ce moment, on frappa à la porte du rez-de-chaussée.

— Malheur! s'écria Joseph. C'est lui... il me rapporte mon argent. Je suis volé!...

Et il alla ouvrir; mais sa physionomie sombre s'éclaircit aussitôt qu'il eut envisagé le nouveau venu... Ce n'était pas le fermier.

— Que puis-je pour votre service? dit-il au visiteur en lui présentant une chaise.

— Monsieur, — fit celui-ci en s'asseyant, — vous plairait-il de m'écouter un instant?

— Volontiers. — Cela me fera prendre le temps en patience, dit en *aparté* Joseph.

— Monsieur Brunet, reprit le visiteur, j'aurais besoin de trois cents francs. Mais avant que vous ne me les prêtiez, je veux que vous sachiez qui je suis.

— Je vous écoute.

— Il y a un an, monsieur, que j'habite cette ville. En arrivant à Paris avec une femme et un enfant, je me mis en devoir de chercher de l'ouvrage dans mon métier de cordonnier. Malheureusement, je n'en trouvai pas. Sur ces entrefaites, je rencontrai un homme qui me proposa de me prêter de l'argent si je consentais à prendre une petite boutique de chaussures. J'eus la faiblesse d'accepter cet argent, prêté à un taux exorbitant. Du reste, au bout de six mois de travail, je l'avais remboursé. Mais ce ne fut pas sans contracter d'autres engagements, que je me trouve aujourd'hui dans l'impossibilité de satisfaire si vous ne venez à mon secours, attendu que l'homme qui m'avait avancé les premiers fonds n'habite plus Paris. Demain, j'ai un billet de trois cents francs à payer, et je n'ai pas une obole. Ayez confiance en moi. Fixez vous-même le taux de l'intérêt, et je vous jure qu'avant un mois vous en serez remboursé intégralement.

A mesure que le nouveau client parlait, les souvenirs revenaient plus lucides à l'esprit de Joseph, qui s'écria en se levant de son tabouret et en ôtant sa casquette de poil de loutre :

— Je suis donc bien changé, Jacques, que tu ne reconnais pas ton frère?

Jacques (car c'était lui) jeta une exclamation de surprise. Il ne pouvait croire que cet homme fût son frère, tant sa physionomie avait subi de changement.

— Joseph était presque chauve, ses yeux avaient le luisant et l'éblouissant de l'or, sa carnation était devenue jaune et claire comme la lumière d'une bougie rose.

— Toi! usurier!... s'écria Jacques, à peine revenu de son étonnement.

— Il paraît que les usuriers sont bons à quelque chose, répliqua ironiquement Joseph Bernard, puisque tu viens les trouver.

— Tu as bien fait de ne pas prendre le nom de notre père pour exercer ce honteux trafic, dit Jacques à son frère avec un ton d'amertume. Je t'en remercie.

— Ah! exclama Joseph en ricanant, j'étais étonné que tu n'aies pas encore commencé ton rôle de censeur! Allons, je le vois, le temps ne t'a pas changé.

— Non, Joseph, je ne tiens pas à te censurer; ce n'est pas le moment. Ta conscience...

A ce mot, un sourire d'incrédulité ironique épanouit le visage de l'usurier.

— Ta conscience, reprit Jacques avec force, doit t'avoir dit des vérités plus dures que celles que je pourrais te dire. Voler son frère, la dépouille d'un mort; tenter d'assassiner une pauvre jeune fille qu'on a séduite et abandonnée, sont des crimes qui ne s'effacent pas facilement de la mémoire. Tu n'as pas oublié non plus, je pense, que je t'ai sauvé la vie : je n'avais qu'un mot à dire pour te perdre. J'ai souffert et je me suis tu. Maintenant il s'agit de préserver le nom de notre famille de toute flétrissure. Prête-moi ces trois cents francs, et, je te le jure, tu les auras avant peu.

— D'abord, dit tranquillement Joseph, je ne prête pas sur parole; je ne prête que sur gages... Mais qui t'empêche de faire faillite?

— L'honneur! répondit Jacques d'une voix brève.

— Toujours les grands mots en avant! Mon pauvre Jacques, tu n'es pas de ton siècle; tu aurais dû naître au temps des Spartiates. Retiens bien ceci pour ta gouverne : être riche, c'est le seul but à atteindre aujourd'hui. Quand on l'est, on a toutes les vertus par-dessus le marché... A propos, tu ignores donc la manière de faire sa fortune dans le commerce?... Il faut que je te mette au courant. Ecoute-moi. On organise adroitement et gentiment sa faillite, on donne quinze ou vingt pour cent à ses créanciers, qui sont enchantés... et l'on se retire avec le reste. Voyons, veux-tu que je prenne en main les affaires, que j'organise ta faillite?

— Je souffre à l'entendre, dit Jacques. Me prêteras-tu cet argent, oui ou non?

— Tu ne me le rendrais pas. Tu considérerais cela comme une restitution de ton héritage. Non, vraiment non, cela m'est impossible. Je gagne péniblement ma vie, à la sueur de mon front... Encore une fois, arrange ta faillite.

— Assez! s'écria Jacques, indigné de tant de cynisme. Joseph, il ne bat rien dans ta poitrine... L'usure t'a rongé le cœur. Mais, au nom du ciel, n'oublie pas que tu appartiens à une honnête famille. Je t'en supplie, les larmes aux yeux, ne traîne pas le nom de notre père à la barre des tribunaux. Arrête-toi, s'il en est temps encore. La route que tu suis, Joseph, mène à Toulon.

— Et celle que tu suis, toi, — répliqua l'usurier impassible et sec, — mène l'hôpital!...

Jacques jeta un regard de souveraine pitié sur cet être dégradé, fit deux pas vers la porte, se retourna encore pour s'assurer que c'était bien là le frère avec lequel il avait passé son enfance, — comme il arrive, au cimetière, quand on jette un dernier regard sur la terre qui contient la dépouille d'un mort jadis aimé, — puis il sortit.

— La journée s'enraye mal, murmura Joseph. Finira-t-elle bien? Encore dix minutes à attendre, ajouta-t-il en regardant le coucou.

A peine avait-il achevé de prononcer ces paroles que le fermier entrait, accompagné de deux petits enfants.

— Que m'apportez-vous là? s'écria Joseph en désignant les enfants.

— Hélas! monsieur Brunet, dit le fermier d'une voix chevrotante d'émotion, je ne vous apporte rien... Il m'a été impossible de réaliser cet argent aujourd'hui... mais demain vous l'aurez, comptez dessus.

— Demain il ne sera plus temps, répondit Joseph.

— Comment! exclama le fermier abasourdi.

— Vous avez encore trois minutes pour me payer, reprit Joseph en montrant du doigt le coucou au fermier. A six heures, la ferme des Boteaux ne vous appartiendra plus. Vous le savez d'ailleurs aussi bien que moi, puisque vous avez signé le réméré.

— Mais j'espérais que vous attendriez un jour... Oh! vous attendrez, n'est-ce pas?... Vous ne voudriez pas me réduire, moi et ma famille, à la mendicité, au désespoir. La ferme, grâce aux travaux que j'y ai faits, vaut à cette heure quarante mille francs... Et tout serait perdu pour moi... Oh! monsieur, je vous en supplie...

Et le fermier s'agenouilla devant l'usurier en pleurant.

Les deux petits enfants, voyant la douleur de leur père, éclatèrent en sanglots, avec un air de supplication qui aurait attendri tout autre homme qu'un usurier.

— A quoi bon ces scènes ridicules? dit froidement Joseph Bernard. En affaires, c'est le oui ou le non. Il était parfaitement inutile de m'amener ces marmots pour m'attendrir.

— Monsieur... par grâce!... supplia le fermier les mains jointes. Jusqu'à demain... attendez jusqu'à demain! J'ai une femme qui vient d'accoucher, un petit enfant avec ces deux-là... Oh! vous ne me chasserez pas de la ferme!... Jusqu'à demain, n'est-ce pas, vous aurez votre argent.

A cet instant, le coucou rendit un son rauque, puis six heures sonnèrent.

— Vous l'entendez, dit sèchement Joseph au malheureux fermier. Le soleil est couché... Il est trop tard... Vous n'êtes plus propriétaire des Boteaux.

— Ah! vous voulez donc que je me tue! s'écria le fermier en se relevant.

— Faites ce qu'il vous plaira, répondit l'usurier; cela vous regarde.

Fou de désespoir, le fermier s'enfuit en courant.

Joseph Bernard mit à la porte ses deux enfants, qu'il avait oubliés dans son désespoir.

Les pauvres petits coururent dans la rue tout en pleurant et en appelant leur père par des cris déchirants.

L'usurier rentra chez lui, ferma hermétiquement sa porte et s'écria, — dans l'explosion d'une joie infernale :

— Enfin... je suis propriétaire... A moi la ferme des Boteaux! J'ai cinquante mille francs... Maintenant, il me faut une femme de cent mille écus!

## IV

Joseph Bernard avait compris que l'usure était un bon chemin pour aboutir à la fortune; il l'avait pris, et il s'en trouvait bien. En homme habile, il sentit également que la richesse était le seul moyen de contracter un bon mariage. Sachant en principe, que la femme n'est pas une âme, mais un corps à l'enchère, puisqu'elle ne se gouverne pas elle-même et qu'elle est le jouet et l'esclave de ceux qui l'entourent, l'usurier ne se mit pas en peine, comme les amoureux ordinaires, d'enflammer le cœur d'une belle en débitant de plats mensonges, or-

nés de pompeuses fleurs de rhétorique. Pour la famille, il suivit la même ligne que pour la propriété : il se rendit à la Bourse.

Joseph Bernard chercha dans les coulisses de la Bourse un beau-père avantageux. Il ne tarda pas à mettre la main sur un vieux Crésus qui s'était enrichi dans le commerce des vidanges. Joseph sut en faire son compagnon inséparable, en lui enseignant une bonne recette pour jouer à la hausse et à la baisse. Un jour, dans un moment d'épanchement intime, Joseph lui confia qu'il avait l'intention de se marier.

— J'ai votre affaire! s'écria Thibaudot (c'était le nom de l'ancien vidangeur).

Là-dessus, il prit Joseph par le bras et le conduisit chez lui. Lorsqu'ils entrèrent dans le salon, une fraîche et jeune fille accourut au-devant d'eux en sautillant comme une fauvette.

Elle salua gracieusement Joseph et se pendit au cou de son père en s'écriant :

— Comme tu as tardé aujourd'hui, père! J'étais inquiète...

— Eh bien! qu'en dites-vous? fit M. Thibaudot en interrogeant l'usurier du regard et en lui désignant du geste la jeune fille.

— C'est entendu, répondit celui-ci. Affaire conclue.

Après le départ de Joseph, M. Thibaudot dit à sa fille d'un air triomphant :

— Hein?... Comment trouves-tu ce monsieur-là?

— Je ne l'ai pas remarqué, répondit la jeune fille.

— C'est fâcheux... car c'est ton futur mari.

— Mon mari!... répétant machinalement Lucile en ouvrant de grands yeux d'étonnement.

— Oui, ton mari! Je l'ai connu à la Bourse... Ah! c'est un homme qui s'entend aux affaires, va! Prépare-toi... Dans huit jours, nous signerons ton contrat.

Lucile resta muette de stupéfaction.

Elle n'avait pas rêvé un mari taillé sur ce patron-là.

C'était une jeune fille nourrie au physique de gâteaux et de confitures, et au moral de romans à la mode. Lucile avait rêvé un Arthur frisé, pommadé, gants beurre frais, qui fût venu lui dire, — avec de grands gestes et d'une voix foudroyante :

— Lucile, je vous aime... je vous aime, Lucile... Dites un mot, et je me jette, sous vos yeux, dans ce précipice!...

On voit que le réel ne répondait pas du tout à son idéal.

C'est pourquoi elle dit à son père, en faisant une petite moue charmante :

— Tu plaisantes, père, ce n'est pas sérieux...

— Très-sérieux.

— Je ne le connais pas, je ne l'aime, ce monsieur. Qu'est-il?

— C'est un capitaliste, un homme d'affaires, répondit d'un ton emphatique M. Thibaudot.

— Justement, je ne peux pas les souffrir! répliqua vivement Lucile de mauvaise humeur.

— Ta... ta... ta!... te voilà avec tes folles idées, tes rêvasseries... que tu trouves dans les romans, dit M. Thibaudot, en feuilletant un in-octavo sur le guéridon. Mais à présent, il ne s'agit plus de fantaisies, ni de caprices : il s'agit d'un mari, de quelque chose de positif.

Étant jeune, ta mère te ressemblait... Elle ne voulait pas de moi... le commerce de vidanges l'offusquait... et cependant elle s'est trouvée très-heureuse en ménage... Prends donc le mari que je te donne, sans faire la mutine.

— Mon petit père! je t'en prie... fit la jeune fille en caressant M. Thibaudot.

— Non, mademoiselle, répondit celui-ci... Je veux que vous soyez la femme de M. Joseph Bernard, et vous le serez.

Il fallut bien que Lucile obéît. Seulement, elle fit cette petite restriction mentale, très-commune aux jeunes filles forcées dans leurs inclinations :

— C'est bien... ça ne m'empêchera pas d'avoir mon Arthur!

De la comédie, passons au drame.

Qu'est devenu Jacques Bernard?

Comment est-il sorti de sa position critique?

En homme d'honneur. Loin de suivre les perfides conseils de

son frère, il s'est retiré de sa boutique, mais il a payé la moitié de ce qu'il devait à ses créanciers, et il leur a souscrit des billets à courte échéance pour le reste.

Ces billets, il est parvenu à les solder en travaillant jour et nuit, et en mangeant du pain sec. Son honneur est sauf, mais le travail forcé a mis son fer rouge sur lui.

Ce n'est plus le robuste paysan à la mine fraîche et rubiconde que nous avons devant nous, c'est l'ouvrier parisien au corps maigre et nerveux, au visage livide, aux yeux caves.

Il ne respire plus le bon air fortifiant de la campagne.

Il demeure au cinquième étage, dans une vieille maison malsaine et à peine aérée.

Au moment où nous le retrouvons, il touche au dernier degré du malheur. Depuis un mois, malgré ses recherches, il manque d'ouvrage. Louise travaille sans relâche à confectionner des chemises; mais, obligée de donner ses soins à son enfant, elle ne gagne que dix sous par jour.

Tous les deux, ils vont devenir la proie d'une horrible misère. En retard de deux termes, ils ont reçu congé par huissier de leur propriétaire. Mais comment loueraient-ils un autre logement? on leur retient leurs meubles... Un garni? mais ils n'ont pas d'argent.

Le jour du terme est arrivé.

Tout à coup un bruit frappe leurs oreilles. Ils entendent monter l'escalier. C'est le propriétaire, sans doute.

Ils sont désespérés.

On frappe à leur porte. Ils ouvrent.

Deux personnes entrent aussitôt, le propriétaire et un marchand qui vient acheter les dépouilles de Louise et de Jacques.

— Combien me donnez-vous de tout cela? dit le propriétaire en désignant les divers objets contenus dans la chambre.

— Hum! ça ne vaut pas grand'chose, répliqua le marchand.

— D'abord, remarquez ce qu'il y a, reprend le propriétaire. — Un lit de sangle, un bois de lit...

— Rongés par les vers, ajoute le marchand dont le rôle est de déprécier tout ce que le propriétaire estime.

Louise et Jacques souffrent horriblement d'assister à ce dépouillement du peu qu'ils possèdent.

— Un berceau, reprend le propriétaire,

— Raccommodé, ajoute le marchand.

— Une table...

— Crasseuse et usée, ajoute toujours le marchand.

— Une commode...

— En méchant bois blanc.

— Un paravent...

— Sale et déchiré.

— De la vaisselle...

— Ébréchée... cassée.

— Du linge...

— Des guenilles.

— Enfin, combien estimez-vous le tout?

— Bien payé, ça vaut vingt francs.

— Vingt-cinq francs, oui ou non.

— C'est trop cher.

— Pas à moins...

— Allons... j'accepte, dit le marchand en mettant cinq pièces de cent sous sur la table.

— Je perds encore vingt-cinq francs sur eux... fit le propriétaire en prenant l'argent et en jetant un regard de haine sur Jacques et Louise. — Enlevez-moi ça de suite... ajouta-t-il en s'adressant au marchand.

Le marchand, aidé d'un autre homme, se mit en devoir de démeubler la chambre. Il secoua rudement le berceau où était couché l'enfant de Louise.

— Monsieur, dit la pauvre mère en éclatant en sanglots, laissez-moi au moins le berceau de mon enfant...

— Ça entre dans le marché, répondit rudement le propriétaire, ça ne me regarde plus. Arrangez-vous avec monsieur.

— Allons... dit le marchand à la malheureuse mère, enlevez votre *môme* tout de suite, ou je le jette par terre.

Louise, éplorée, prit sa petite fille dans ses bras. Elle voulut

s'asseoir sur une chaise; mais le marchand la lui retira aussitôt et l'emporta.

La chambre était vide.

Jacques se tenait immobile et pensif à la croisée. Louise s'était assise sur le carreau, dans un coin, et berçait son enfant, en sanglotant.

— Eh bien, vous autres, fit le propriétaire, vous ne partez donc pas?

— Où voulez-vous que nous allions? dit Jacques d'un air sombre.

— Où vous voudrez... Allons... Partez!...

Et ce disant, le propriétaire chassa Jacques et Louise devant lui, après quoi il ferma la porte à la clef.

Accablée par tant d'outrages, effrayée de tant de misère, Louise n'avait plus ni force morale, ni force physique. Elle descendit marche à marche les étages, en s'appuyant sur Jacques. Arrivée à la porte de la maison, elle faillit tomber en défaillance au spectacle qui s'offrit à elle.

Leur mobilier, leur vaisselle et jusqu'à leur linge étaient étalés devant la porte, dans la longueur du trottoir.

Jacques alla emprunter un tabouret et l'apporta à Louise, qui n'eut que le temps de s'asseoir pour ne pas succomber à ses violentes émotions.

Mais elle devait boire goutte à goutte et jusqu'à la lie la coupe de la misère.

A côté d'elle, les passants marchandaient à haute voix son dé, ses ciseaux, sa petite croix du cou, les choses auxquelles elle tenait le plus, les objets qu'elle avait touchés et possédés depuis son enfance, et qui faisaient en quelque sorte partie de son existence.

Tout cela était manié, retourné, sali, déprécié par les passants.

Louise ressentait une douleur telle qu'elle croyait qu'on la dépouillait elle-même de ses vêtements, qu'on la marchandait et qu'on l'offrait à l'avidité et à la curiosité de la foule.

C'était un supplice digne de l'enfer.

— Combien ce berceau? criait une femme.

— Vingt sous, répondait le marchand.

— Non, dix sous.

— Douze sous au juste, reprenait le marchand.

— Combien ces chemises d'enfant? criait une autre femme.

— Cinq sous pièce.

— C'est trop cher, trois sous pièce, si vous voulez. J'en prendrai quatre.

— Allons, emportez.

Et ainsi du reste.

La vente du berceau, des chemises, ramenait naturellement la pensée de la pauvre mère à sa petite fille. Nouvelle douleur. Que deviendrait-elle? Mourrait-elle de misère avec elle?

— Oh! non, Dieu ne le permettra pas... disait Louise en sanglotant et en serrant convulsivement dans ses bras son enfant qu'elle baignait de larmes.

Tels étaient les phénomènes psychologiques qui agitaient l'âme de Louise. Quant à Jacques, placé à côté d'elle, le dos appuyé aux barreaux de la boutique du marchand de vins, il n'éprouvait pas la même douleur.

V.

L'homme, dans sa lutte contre le malheur, souffre moins du cœur que la femme; mais, en revanche, sa pensée distille une amertume mortelle, tandis que l'excès du sentiment, chez la femme, annihile complètement l'action de l'esprit.

Il s'opérait en Jacques quelque chose comme une révolution morale. Jusque-là, il n'avait jamais pensé à cet être collectif qu'on nomme *société*, et qu'il est assez difficile de bien comprendre. De ce jour et de cet instant seulement il y réfléchit.

Le cordonnier ne regardait pas la vente, il regardait les passants.

Tantôt passait devant lui une grande dame surchargée de

dentelles et de bijoux, à la démarche altière, au visage enivré d'un bonheur orgueilleux...

Et Louise n'avait pas d'asile !

Tantôt c'était un capitaliste à l'abdomen monstrueux, le cure-dent à la bouche, suant la vie et la santé.

Et Jacques n'avait pas de pain !

A ce moment, Jacques vit venir vers lui un fringant équipage. A la portière de la voiture pendait un bras nu de femme, dont le poignet était orné d'un bracelet. Lorsque les chevaux passèrent devant Jacques, il vit le bracelet se détacher du bras de la femme et rouler sous les rebords du trottoir.

Personne autre que Jacques n'avait été témoin de cet accident.

Le cordonnier alla ramasser le bracelet, qu'il tint caché dans sa main fermée.

Alors il fut livré à une tentation inouïe, formidable.

Devait-il garder ce bijou ?

S'il avait été seul à souffrir, il n'aurait pas hésité. Mais Louise, qu'allait-elle devenir ? Pouvait-elle passer la nuit sur le pavé avec son enfant ?

C'était une situation horrible.

La misère disait à Jacques : — Prends ! prends !... Une autre voix, celle de l'honneur, répondait comme un écho : — Rends ! rends !...

De cruels doutes torturaient l'esprit de Jacques.

Le bracelet lui brûlait la main comme un fer rouge. Sa poitrine était violemment agitée.

Il posa sa main gauche sur son cœur pour en contenir les battements. Il toucha alors la croix d'honneur de son père, qu'il portait toujours sur lui...

Jacques n'hésita plus. Les nuages qui avaient obscurci sa pensée se dissipèrent aussitôt. Il se ressouvint des dernières paroles du vieux soldat républicain :

« Sois honnête homme ! »

— Oui, mon père, murmura-t-il, je l'obéirai... jusqu'à mourir de faim, s'il le faut !

Ce combat intérieur s'était passé en un clin d'œil.

L'équipage s'était arrêté deux maisons plus haut que l'endroit où se tenait Jacques.

La jeune mariée (car c'était Lucile Thibaudot elle-même qui revenait de l'église avec son père et son mari), la jeune mariée avait remarqué la disparition de son bracelet, qu'on cherchait vainement dans la voiture.

— Ah ! mon Dieu ! s'écriait-elle désespérée sur le trottoir, il est perdu ! Un si joli bracelet !

— Le voici, mademoiselle, dit Jacques en lui donnant le bijou.

A cet instant, M. Thibaudot et Joseph Bernard, las de chercher, descendaient de la voiture.

Jacques, stupéfié, fit deux pas en arrière en reconnaissant son frère.

Le père et la fille entrèrent dans leur maison.

Joseph, faisant mine de tirer de l'argent de la poche de son gilet, s'avança vers Jacques.

— Eh bien ! dit ironiquement l'usurier à l'oreille de son frère, crois-tu encore que la route que je suis mène à Toulon ! Vois cet équipage, ces richesses, et juge !...

Jacques prit d'une main la main de son frère, et lui désignant de l'autre l'endroit où était Louise :

— Vois à ton tour... lui dit-il, vois cette femme en pleurs, sans asile et sans pain, exposée aux railleries des passants... Cette femme est celle que tu as séduite et abandonnée !... Vois cet enfant, voué au malheur... c'est le tien ! Vois ces misérables meubles, ces haillons à l'enchère,.. ce sont les nôtres !... Courage donc ! Puisque tu as tant de succès, marche audacieusement dans la voie du crime ! J'aime mieux mon agonie que ton triomphe ! Continue ta route au milieu des plaisirs et des richesses. Moi, je continuerai la mienne à travers la misère et les larmes !...

Quoique émû par cette apostrophe et cet accent d'honnête homme, Joseph Bernard affecta un grand calme, pirouetta sur ses talons et alla rejoindre son beau-père et sa femme, qui, dans son absence, avaient déjà ouvert le bal et la fête.

Jacques revint vers Louise.

— Que s'est-il donc passé entre vous et ces personnes ? lui demanda-t-elle.

Jacques lui raconta seulement la perte et la reddition du bracelet.

— Ah ! c'est bien, Jacques ! lui dit-elle avec une expression de céleste amour que nous n'essayerons pas de dépeindre.

— Louise, dit le cordonnier, attendez-moi ici. Prenez patience. Je vais trouver un ami, qui, sans doute, consentira à nous loger cette nuit.

— Adieu, mon ami, lui dit Louise avec tristesse en lui pressant fortement la main, comme si elle le voyait pour la dernière fois.

Jacques s'en alla.

Lorsqu'il fut parti, le désespoir s'empara de la pauvre mère. Jacques l'avait soutenue de son courage et lui avait donné la force de supporter les quolibets des passants. Mais quand il ne fut plus là, les noires pensées fondirent sur elle.

La joyeuse musique de la fête de Joseph Bernard retentissait à ses oreilles comme un rire infernal.

La danse était passionnée, le bal éblouissant de lumières !

En face d'elle, Louise voyait passer des femmes enivrées de plaisir au bras de leurs courtisans. Elles tourbillonnaient devant ses yeux.

De son enfer, la pauvre fille assistait au spectacle de ces folles ivresses, de ces joies paradisiaques.

Oh ! c'était un spectacle inouï !

Elle avait le cœur glacé, douleur toute particulière qu'apporte avec elle la misère.

Tout à coup Louise vit paraître sur le balcon son amant Joseph Bernard à côté de la nouvelle mariée, Lucile Thibaudot.

Ce tableau acheva la pauvre femme.

Elle se réfugia chez la portière, écrivit à la hâte quelques mots pour remettre à Jacques, puis s'enfuit de la maison avec son enfant en courant par les rues comme une folle. Elle s'était arrêtée à une résolution terrible.

Elle monta la rue Saint-Jacques, et mit sa petite fille à l'hospice des Enfants-Trouvés.

Un quart d'heure après, on entendait retentir sur les quais les cris de : — Au secours ! au secours ! une femme se noie ! au secours !...

La foule devenait compacte et criait, mais personne n'osait se dévouer.

A cet instant, Jacques Bernard passait sur le quai. Il se fit désigner l'endroit de la rivière où s'était jetée la femme, et se précipita résolûment dans la Seine.

Deux minutes s'écoulèrent.

Tout le monde était dans une anxiété impossible à décrire.

Enfin, Jacques reparut sur l'eau, tenant d'une main le corps d'une femme et nageant de l'autre, puis il aborda la rive.

Pendant qu'on le félicitait de son courage, Jacques palpait le cœur de la pauvre femme.

Son dévouement avait été inutile.

Elle était morte !

Tout à coup Jacques jeta un cri déchirant qui effraya les assistants.

Le cadavre qu'il tenait dans ses bras était celui de Louise !...

Chacun fit alors ses commentaires, comme il arrive en pareille occasion.

— Belle fille... histoire d'amour ! dit ironiquement un dandy dans la foule.

— Vous mentez ! s'écria Jacques d'une voix éclatante, en sortant de la léthargie morale dans laquelle ce lugubre événement l'avait plongé. Vous mentez ! c'est la misère qui a tué cette femme !...

Des officiers de paix emportèrent le corps de Louise, qui alla essuyer les dalles humides et froides de la Morgue.

Jacques ne leur opposa aucune résistance. Une autre idée lui avait traversé le cerveau.

— Son enfant, qu'est-il devenu?... se demanda-t-il. Je dois veiller sur lui.

Jacques courut d'un trait à la maison qu'il avait habitée.

Le portier lui remit une petite lettre.

Il la décacheta.

Voici ce qu'elle contenait :

« Jacques, assez longtemps vous vous êtes sacrifié pour moi et pour mon pauvre enfant. Pardonnez-moi. Lorsque vous lirez cette lettre, ma fille sera aux Enfants-Trouvés, et je serai morte.

» Mais avant de mourir, il faut que je jouisse de mon dernier bonheur :

» Je t'aime, Jacques, non pas comme une sœur, mais comme une femme!... Adieu...

» LOUISE. »

Après la lecture de cette lettre, Jacques sortit désespéré de la maison.

A ce moment, l'usurier Joseph Bernard entrait dans le boudoir de sa nouvelle épouse, en se frottant les mains et en murmurant :

— Une belle fortune... une jolie femme... A présent, des honneurs et des dignités!...

## VI

De 1825 à 1830, Joseph Bernard poursuivit, sur une grande échelle, l'accroissement de sa fortune. Nul mieux que lui, par de fausses nouvelles, par d'habiles manœuvres, ne savait produire à la Bourse la hausse et la baisse. En agiotant de la sorte, il se fit une fortune considérable.

Sur ces entrefaites, la révolution de juillet arriva. Charles X fut chassé par le peuple. Au roi du clergé succéda le roi de la bourgeoisie. C'était bien, comme on le pense, l'affaire de Joseph Bernard, dont la haute réputation de financier ( car il était devenu presque l'égal de Rothschild) arriva aux oreilles de Louis-Philippe.

Le roi de la bourgeoisie, désirant contracter un emprunt, le fit appeler dans son cabinet. On s'entendit parfaitement. Joseph se conduisit en politique habile et en rusé courtisan. Tout en discutant les conditions de l'emprunt, il protesta de son dévouement à la dynastie de Louis-Philippe, et il sollicita l'insigne honneur de contribuer à l'œuvre glorieuse de son règne. Le roi lui répondit par un sourire de bon augure et le congédia avec force amabilités et politesses.

Peu de temps après cette entrevue, le garde des sceaux de S. M. Louis-Philippe entérinait les lettres de noblesse du comte Joseph de Castelnare, conférées à Joseph Bernard, qui fut presque aussitôt promu à la dignité insigne de pair de France.

Notre usurier était au comble de ses vœux. Ces titres de noble et de pair de France étaient comme un manteau d'or jeté sur sa naissance obscure et sur ses crimes. Le cordonnier était complétement effacé.

Au milieu de son triomphe, une seule chose le troublait et l'inquiétait, c'était son intérieur.

Sa femme, Lucile Thibaudot, qu'il avait épousée contre son gré, le détestait et le méprisait. C'était un affreux supplice pour elle d'entrer dans le lit de son mari. Aussi en prenait-elle largement sa revanche.

Son fils Raoul était corrompu jusqu'à la moelle des os. Son bonheur consistait à courir les lorettes et les maisons de jeu. Ses passions, qu'il ne pouvait satisfaire qu'en dissipant beaucoup d'argent, amenaient incessamment d'orageuses discussions entre son père et lui. Du reste, il se moquait ouvertement de Joseph Bernard, étant toujours sûr de trouver dans sa mère un avocat de ses vices, qu'elle appelait des fantaisies de jeune homme.

Le nouveau comte de Castelnare, qui de son côté entretenait des maîtresses, n'osait pas être trop sévère pour les amants de sa femme et les dettes de jeu de son fils. Comme à ses reproches on répondait sans cesse par des récriminations, il finit par se taire et fermer les yeux.

Un jour, au sortir de la Chambre, le pair de France rencontra dans le Luxembourg une jeune fille qui, d'une voix émue, lui demanda la charité.

Joseph regarda cette fille : il fut frappé de sa beauté et de sa fraîcheur.

Pendant qu'il l'observait, la malheureuse réitéra sa demande.

Joseph lui dit alors :

— Vous m'intéressez, mon enfant. Tenez, voici quelque monnaie en attendant mieux; car je veux vous retirer de cette position misérable. Soyez chez moi, dans une heure, rue de Grenelle-Saint-Germain, n° 2. Vous vous adresserez à madame la baronne de Mérinet.

La jeune fille remercia avec effusion son bienfaiteur et disparut sous les arbres du Luxembourg.

Joseph Bernard se rendit chez la baronne de Mérinet.

Un mot sur cette baronne. Voyons ce que ce grand nom cache, et ce que cette magnifique habitation recèle.

Ne jugeons jamais une lettre par son enveloppe satinée ou parfumée. Décachetons-la et lisons-la. Nous saurons alors ce qu'elle vaut.

La baronne de Mérinet possédait une des plus belles et des plus vastes habitations de la rue de Grenelle-Saint-Germain. Cette maison était le rendez-vous des pairs de France, des députés, des conseillers à la Cour de cassation, des banquiers, des grandes dames; en un mot, c'était l'affluent de toute l'aristocratie du faubourg Saint-Germain. Madame la baronne de Mérinet tenait sa maison ouverte aux mariages de la main gauche, c'est-à-dire que les maris y amenaient leurs maîtresses et les femmes mariées leurs amants. Tout s'y passait en secret. Maris et femmes s'en donnaient à cœur joie, moyennant cent francs par visite, car madame la baronne se faisait dignement payer son vaste hôtel... et sa discrétion à toute épreuve.

Il existe à Paris un assez grand nombre de maisons dans le genre de celles que nous venons de décrire, destinées à recevoir, à cacher les concubines des maris, et les favoris des femmes mariées.

La baronne de Mérinet (née Potard) avait débuté à Paris par tirer les cartes à dix sous le jeu, dans une échoppe. C'est à ce moment-là que l'usurier Joseph Bernard, à cette heure pair de France, l'avait connue. Douée d'un esprit perspicace, la Potard avait compris qu'il y avait moyen de faire sa fortune à Paris en spéculant sur le vice. Elle s'était mise à l'œuvre, et l'expérience avait ratifié ses présomptions. La tireuse de cartes et l'usurier occupaient les positions les plus éminentes dans la société. Digne récompense de leurs efforts!

Le pair de France mit cinq louis dans la main de la baronne, lui annonça la visite d'une jeune femme et se retira dans le salon.

A peine avait-il disparu, que la jeune fille annoncée se présentait. Elle s'avança toute tremblante au-devant de la baronne, qui lui dit d'une voix mielleuse :

— Entrez dans ce salon, mon enfant, vous y trouverez M. le comte de Castelnare.

— Comment vous nommez-vous? lui demanda Joseph.

— Louise, répondit-elle.

Ce nom le frappa.

— Avez-vous votre père?

— Je ne l'ai jamais connu.

— Où avez-vous été élevée?

— Aux Enfants-Trouvés.

— Vous n'avez pas connu votre mère?

— Non, monsieur... je n'ai d'elle que ce portrait.

Alors, Louise tira de son sein un petit médaillon.

Après avoir jeté un coup d'œil sur ce médaillon, Joseph Bernard ne put étouffer un cri d'horreur...

C'était le portrait de Louise, son ancienne maîtresse de Saint-Aubin...

Il avait été sur le point de déshonorer sa fille !

Joseph sortit en chancelant du salon. Dans la pièce d'entrée, il trouva sa femme. Les deux époux se saluèrent poliment, et Joseph se retira. En traversant la cour, il se croisa avec son fils Raoul, qui lui dit d'un air narquois :

— Il paraît que nous nous étions donné rendez-vous!

Mais le pair de France ne répondit pas à Raoul. Il s'enfuit en grommelant entre ses dents :

— Oh! ma maison est maudite!...

## VII

Pendant que Joseph Bernard, arrivé aux faîte des honneurs, menait cette conduite infâme, son frère Jacques continuait sa vie de rudes labeurs et de misères. Il travaillait toute la journée et consacrait ses veilles à l'étude, qui apportait un adoucissement à ses maux.

L'année 1847 venait de s'écouler. Cette année, comme on le sait, avait été féconde en enseignements. Les classes officielles avaient révélé leur profonde corruption par une suite non interrompue de scandales.

C'était une orgie effrayante, un immense festin de Balthazar!

Le gouvernement était à l'encan : privilèges de théâtres, concessions de mines, de chemins de fer, titres de pairs de France, de députés, tout se marchandait, tout s'achetait comme dans un bazar.

Des ministres étaient traînés à la barre des tribunaux pour s'être approprié ce qui appartenait à l'État. Des députés et des généraux étaient condamnés pour avoir impudemment volé leurs actionnaires; des ambassadeurs se coupaient la gorge par ambition déçue, d'autres devenaient fous; des pairs de France étaient pris en flagrant délit d'adultère; d'autres égorgeaient leurs femmes pour vivre à leur aise avec leurs concubines. La justice de Dieu éclatait partout comme un coup de tonnerre, et foudroyait les repus et les satisfaits du règne de Louis-Philippe.

La tempête populaire se déchaîna le 24 février. Jacques se souvint qu'il était le fils d'un vieux républicain; il prit une part active à la lutte, et fut tué sur une barricade de la rue Saint-Louis.

La révolution de février commença le déclin de la fortune politique et commerciale de Joseph Bernard. La plupart des maisons de banque qu'il soutenait de ses fonds s'écroulèrent. Il perdit la moitié de son avoir. Ce coup fut terrible pour l'usurier : sa fortune, c'était son âme.

A la suite des émotions violentes que la révolution lui apporta, Joseph Bernard tomba gravement malade. Il jugea prudent de faire son testament, par lequel il concéda la moitié de sa fortune à son fils, et l'autre moitié à sa femme.

Les menaces de la maladie ne se réalisèrent pas. Joseph fut hors de danger.

A ce sujet, il y eut pendant la nuit un conseil de famille, auquel assistaient Lucile Thibaudot, son fils Raoul et le médecin de Joseph, amant de sa femme.

Voici ce qui se passa dans cette séance nocturne :

— Docteur, dit Lucile, êtes-vous sûr qu'il en revienne?

— Parfaitement sûr, madame, répondit le docteur, si on laisse agir la nature.

— La médecine pourrait-elle *en finir*, docteur?

— La médecine a toujours ce pouvoir-là, madame.

— Il faut frapper un grand coup! dit Raoul.

— Ne vaudrait-il pas mieux attendre? observa Lucile.

— Attendre, dit Raoul impatienté, c'est impossible. S'il en réchappe, il vivra plus longtemps que nous. Et nous ne jouirons pas de sa fortune, car il est plus avare que jamais. D'ailleurs, vous le savez, il me faut dix mille francs que j'ai perdus la nuit dernière au jeu. N'hésitons donc pas. Voyons, docteur, consentez-vous à nous servir?

— A quelle condition? demanda le médecin.

— Au tiers de la fortune, dit Lucile.

— J'y consens... Mais la plus grande prudence.

Le lendemain matin, une potion calmante, préparée par les soins du médecin et présentée par la gracieuse Lucile, envoya Joseph Bernard rejoindre son père qu'il avait volé, et son frère qu'il avait assassiné!

On lui fit un pompeux enterrement.

Les trois coupables se croyaient sûrs de l'impunité. Ils comptaient jouir des dépouilles du mort avec une entière sécurité.

Qui aurait pu soupçonner ce crime?

Ils ne se doutaient pas que la fille de service, étonnée de les voir se réunir tous les trois la nuit dans une chambre, avait été aux écoutes et avait entendu quelques mots qui suffirent pour éveiller ses soupçons.

Cette servante était allée exprimer ses doutes et ses craintes au commissaire de police du quartier, qui fit déterrer le cadavre de Joseph Bernard.

Des chimistes appelés sur les lieux, après avoir analysé le cadavre, déclarèrent qu'il y avait eu empoisonnement.

Immédiatement, le commissaire lança un mandat d'arrêt contre les trois assassins.

Un ami de Raoul vint le prévenir que la rumeur publique l'accusait d'avoir empoisonné son père, de concert avec sa mère et un médecin.

Raoul monta dans sa chambre et redescendit bientôt, armé d'un pistolet et d'un poignard.

Il alla trouver sa mère au salon.

Elle était avec le docteur.

— Vous savez ce qui se passe? leur dit-il.

— Quoi donc? demandèrent-ils avec anxiété.

— Nous sommes perdus!... On vient nous arrêter.

— Mon Dieu! s'écria Lucile à demi morte de frayeur.

— Sauvons-nous! fit le médecin.

— Oui... oui... murmura Lucile en prenant le bras de celui-ci.

— Ma mère restera ici, dit résolûment Raoul en arrêtant Lucile. Sauvez-vous si bon vous semble. Quant à nous, c'est ici que nous finirons, et non devant les tribunaux.

— Vous êtes fou, Raoul!

— Vous êtes lâche, monsieur!

— Adieu!

Le médecin sortit du salon. Mais il rencontra sur les escaliers des agents de police qui le saisirent au collet.

Pendant ce temps, il se livrait une lutte horrible dans le salon qu'il venait de quitter.

Lucile se traînait aux pieds de son fils, et le suppliait de ne pas la tuer.

— Aie pitié de moi! s'écria-t-elle en larmes. Cela fait tant de mal de mourir!

— Une minute, voilà tout! répondit Raoul.

A ce moment, il entendit les pas des agents de police sur le palier. Lorsque le commissaire entra dans le salon, il recula d'horreur devant les cadavres sanglants de Raoul et de sa mère.

Justice était faite!

FIN DU CHEMIN DE LA FORTUNE

# L'ORPHELINE DE WATERLOO

Le roman L'ORPHELINE DE WATERLOO, publié pour la première fois en 1844, a été couché, il y a une dizaine d'années, sur le lit de Procuste d'une publication littéraire, et a dû subir force suppressions et retranchements ; il paraît en entier aujourd'hui dans la BIBLIOTHÈQUE-OMNIBUS.

Ami lecteur, ce que tu vas lire est tout simplement une histoire, à l'aide de laquelle j'ai cherché à prouver que le bonheur est toujours auprès de soi et en soi, tandis que les hommes, s'évertuant à le chercher dans de lointains pays, finissent par s'écrier, quand ils sont vieux et las, comme dans la chanson de Béranger : *C'est trop d'inutiles voyages !* En effet, ils eussent gagné le repos de l'esprit en restant dans leurs foyers. Il s'agit maintenant de savoir ce que signifie ce mot *bonheur*. Locke a raison, il faut définir les termes. On appelle bonheur, — non ces quelques fugitives sensations de plaisir que tout être éprouve ici-bas, — mais cet état de l'âme qui la fait ressembler à l'eau calme et limpide d'un beau lac, dont les eaux pures réfléchissent le ciel. L'âme qui, dégagée de tous les préjugés humains, s'élance dans les régions de l'infini, communique directement avec Dieu et atteint le suprême degré de félicité accordée aux mortels. B. G.

## La famille Ménars

Voici le colloque qui s'était établi entre un caporal et un sergent de la glorieuse armée de Napoléon, quelques heures avant la fatale bataille de Waterloo :

— Ménars ? — Eh bien ? — Veux-tu rendre un service à ton camarade ? — Après ? — J'ai une idée que je serai descendu cette fois... — Après ? — Si le sort voulait qu'il en fût ainsi, te chargerais-tu de ma pauvre petite fille Marguerite, qui n'a d'autre famille que son père, comme tu le sais. — Est-ce tout ? demanda le caporal Ménars. — Oui, lui fut-il répondu.

Il embrassa son sergent et se remit en ligne.

Jérôme Blanchet avait eu un juste pressentiment de sa fin, car une balle le frappa au cœur. Quant au caporal Ménars, qui se jeta vainement dans les plus grands dangers (la mort est si fantasque !), il accomplit fidèlement la promesse qu'il avait faite à son compagnon d'armes ; il adopta sa fille.

Après le licenciement des troupes, Ménars, à l'aide de quelques fonds que lui procura un de ses parents éloignés, s'établit menuisier dans son pays natal, à Veuves. Ce village, assis coquettement sur les bords de la Loire, est situé entre Blois et Tours. L'ancien caporal s'était marié en 1810, une année avant son camarade Blanchet ; mais sa femme, qu'il chérissait au delà de toute expression, était morte en lui donnant le second de ses fils.

Maintenant, nous sommes en septembre 1831 : Ménars, appelé par les habitants de Veuves le père Ménars, a bien vieilli depuis ce temps ; ses blessures, jointes aux tourments de sa vie, — la chute de l'Empereur, puis sa mort, — ont prodigieusement courbé son corps et affaibli sa santé. A cette époque, du vigoureux soldat il ne restait que son ombre. Ainsi l'a voulu Dieu : il a anéanti toute la puissance de l'homme, afin qu'il fût bien persuadé de sa fragilité. — Cependant le vieux caporal avait élevé aussi bien que possible sa petite famille. Marguerite, la fille du sergent tué à Waterloo, était devenue une belle jeune fille, apte à tous les offices du ménage, aussi douce que courageuse. Jacques, véritable menuisier, secondait son père dans tous ses travaux manuels, et Edouard, quoique plus jeune, annonçait déjà un esprit très-délié. Le bel assemblage de vertus ! Ces trois jeunes gens, dans toute l'innocence du premier âge, n'ayant qu'un seul désir, celui de consoler leur vieux père, ne forment-ils pas un tableau ravissant ? O passions, qui brisez tout par votre souffle corrosif, passez, sans vous arrêter, devant ce seuil de bonheur ; ne tuez pas ce vieillard, ne faites pas grimacer ces visages frais éclos. Passez, passez vite !...

Telle était la pensée de madame de Valdines, quand elle abandonnait quelque jour sa maison de campagne pour venir visiter cet intérieur de ménage. Cette femme avait étudié la vie ; elle savait que sur cette terre la stabilité n'existe dans aucune chose, que le mal s'attache au bien, que quelques minutes suffisent pour changer complètement toutes les faces de l'existence. Quoique ces idées assiégeassent son cerveau, cet aspect de félicité reposait cependant son âme des joies turbulentes, des sourires forcés que Paris avait étalés devant elle pendant tout un hiver. Elle aimait particulièrement le jeune Edouard, parce qu'elle lui avait reconnu de l'intelligence et de la sagacité ; elle s'intéressait à lui comme à un jeune arbuste qu'on voit croître sous ses yeux. De son côté, le jeune homme s'était quelque peu familiarisé avec madame de Valdines, de sorte qu'il s'était établi entre ces deux êtres je ne sais quel sentiment de mère et de fils.

La nature de Jacques était tout à fait opposée à celle de son frère ; ses désirs se portaient tous vers son état de menuisier. Sa physionomie franche et douce dévoilait le calme de son âme. Edouard jouissait, comme Jacques, d'un beau physique, mais beaucoup plus irrégulier ; son œil noir s'animait par intervalles d'étranges feux qui vous éblouissaient ; son front, habituellement uni, se plissait parfois sous une pensée terrible, que nul de ceux qui l'entouraient n'osait interpréter ; il était loin d'être aussi heureux que son frère ; et par une fatale coïncidence, les deux fils du père Ménars étaient tous deux devenus amoureux d'une vierge au front blanc comme la neige, au doux regard et au sourire divin, de Marguerite enfin ; seulement l'amour ne s'était pas révélé de la même manière aux deux frères : chez l'un, c'était une admiration concentrée, une douce pensée qui le comblait d'une joie toute naïve ; quand il apercevait la jeune fille, il croyait être ravi dans un céleste séjour ; aussi était-il tout dévoué à Marguerite. Savait-il que quelque chose lui fût agréable, il s'empressait de le lui procurer. Du reste, il ne s'était pas rendu compte du sentiment qui avait en quelque sorte surpris son cœur. Sainte ignorance ! Chez l'autre, au contraire, c'était la passion dans toute son énergie : la vue de Marguerite faisait battre son cœur et bouillonner son cerveau ; dans ses nuits agitées, parsemées de rêves hétéroclites et de fantasques visions, il se réveillait en sursaut, et, rugissant comme un lion, il s'écriait : — Marguerite ! que je souffre loin de toi !... Puis, pour étouffer toutes ces pensées, spectres acharnés qui le poursuivaient sans cesse, il s'étendait nu sur le carreau de sa chambre, et s'endormait ainsi, meurtri par les souffrances physiques qu'il s'imposait, ou bien il lisait toute la nuit dans un livre tiré de la bibliothèque dont madame de Valdines lui avait prêté. Par malheur, il n'avait pas cherché à combattre plus tôt cette terrible passion.

Malgré tout, l'intérieur du vieux soldat n'était pas troublé. Sa clientèle commerciale, grâce à l'activité de Jacques, allait en s'améliorant. Tous les alentours connaissaient de vue ou de réputation le père Ménars, et chacun se plaisait à le louer d'élever aussi bien ses enfants. Certains soirs, les habitants de Veuves se rassemblaient pour lui entendre raconter quelque histoire de bataille. C'était le bonheur du père Ménars. Comme il s'animait à son récit ! comme il prenait feu à ses paroles, surtout lorsqu'il s'agissait de l'Empereur ! Mais nous sied-il bien de plaisanter les vieux soldats ; n'avons-nous pas tous cet ai mable défaut : les écrivains sont-ils autre chose que des conteurs plus ou moins agréables ?

Jacques était très-assidu à ces soirées, qu'il égayait par sa gaieté toute communicative. Pour Edouard, il avait l'insolence et la cruauté de bâiller aux récits de son vieux père, qu'il appelait des *récidives*. Il n'était pas plus content quand il lui était possible de s'esquiver, dans le moment le plus chaleureux du combat, à la faveur de la fusillade et des coups de canon.

Où courait ainsi le déserteur ? à travers les prés et les bois. Se sentait-il fatigué, il s'asseyait sur l'herbe, et là, bercé par le sifflement lugubre des vents de la nuit, son imagination chevauchait à l'aise, stimulée par de fantasques espérances. Contemplant amoureusement la lune qui projetait sa lumière blanchâtre sur toute la campagne et les étoiles qui étincelaient au ciel par milliers, il rêvait... Il rêvait que la maison de campagne de madame de Valdines, qu'il apercevait comme un fantôme blanc dans les chênes et les saules, était un château fort, qu'il en était le seigneur suzerain ; que Marguerite, revêtue d'un costume magnifique, était entourée par une foule de vassaux qui la saluaient du titre de châtelaine... Il rêvait qu'il possédait laquais, chevaux, voitures, qu'il brillait au milieu d'un essaim de femmes couvertes de diamants ; mais bientôt une brise plus fraîche venait glacer la poésie de ses rêves, et il se réveillait brusquement. O désenchantement ! ô honte ! ô douleur ! Tous les brillants météores qui lui étaient apparus s'étaient éteints dans les ténèbres. Frappé de vertige, il fuyait alors comme l'éclair, harcelé par les vents de la nuit.

Quand il rentrait à la maison, Jacques s'étonnait de la pâleur mortelle et des yeux hagards de son frère.

— D'où viens-tu ? lui disait-il ; tu as les mains en sang et les cheveux en désordre.

— D'où je viens ? répondait Edouard en cherchant à rassembler ses esprits égarés ; d'où je viens ! Je ne sais pas...

Et il tombait épuisé sur son escabeau.

Un jour qu'il s'était attardé plus longtemps qu'à l'ordinaire, le père Ménars envoya Marguerite à sa rencontre. Celle-ci le trouva tapis au bas d'une colline, tellement absorbé que la jeune fille l'appela deux fois sans qu'il l'entendît.

— Edouard ! fit-elle, en lui frappant sur l'épaule, viens donc... notre bon père est inquiet,..

— Qui est là ? que me veut-on ? cria Edouard avec un son de voix qui effraya la jeune messagère. Ah ! reprit-il d'un ton plus doux, c'est toi, Marguerite...

— Ah ! mon Dieu, comme te voilà arrangé ! à quoi pensais-tu donc là, tout seul dans un coin ?

— A quoi je pensais ? répondit Edouard en pressant la petite main blanche de la jeune fille. Marguerite, reprit-il en s'animant, tu as désiré être riche, n'est-ce pas ? Oh ! que tu serais heureuse ! Au lieu de loger dans une pauvre maisonnette, tu habiterais un vaste château ; une belle robe de soie remplacerait ta robe de bure ; tu ne serais plus contrainte à la fatigue, tu aurais un équipage qui te conduirait dans les bals, dans les spectacles, dans toutes les brillantes réunions, et des domestiques voleraient au-devant de tes désirs, afin de t'épargner la plus petite peine. N'est-ce pas, que tu serais bien heureuse ?

— Quels drôles de contes tu me dis là, Edouard ; je n'ai jamais pensé à la richesse, moi. Ma petite chambre ne m'abrite-t-elle pas aussi bien qu'un grand château ? D'autres vêtements que les miens ne serviraient qu'à m'embarrasser... J'aime tant à courir sur l'herbe de la prairie, quand le soleil brille, que j'étoufferais dans un carrosse, et je ne veux pas que l'on me serve ; je préfère servir les autres. Tu vois que je m'ennuierais si j'étais riche.

Edouard pencha tristement la tête.

— Que la campagne est belle, ajouta Marguerite, essayant de dérider son compagnon de route. Regarde donc comme les petits moutons sautent joyeusement autour de leurs mères ; et ces jolies pâquerettes qui lèvent coquettement leurs têtes, et les gracieux papillons qui s'arrêtent à chaque brin d'herbe ; ce n'est que joie ici. Edouard, tout cela ne vaut-il pas mieux que les richesses et l'or du monde ?

— Tu as pourtant toujours raison, mon ange consolateur, répondit Edouard en déposant un baiser sur le front de Marguerite.

A peine la jeune fille eut-elle reçu ce baiser qu'elle pâlit et faillit se trouver mal ; un sentiment inconnu agitait son âme. Edouard avait repris sa première attitude ; de sorte que tout en se donnant la main, les amoureux s'en revinrent muets et tristes. Leur cœur était trop plein pour qu'une parole s'échappât de leurs lèvres !

Durant les quelques jours qui suivirent cette promenade, Edouard et Marguerite purent se convaincre, par l'extrême embarras dont étaient empreintes leurs questions et leurs réponses, par ces mille petits riens qui attestent plus victorieusement l'amour que toutes les phrases pompeuses, que leur cœur ne leur appartenait plus. Une autre preuve plus certaine encore, c'est qu'ils se parlaient plus rarement que de coutume. Jacques, l'amoureux candide, était bien loin de soupçonner la réalité. Il s'imaginait que cette froideur entre eux provenait de quelque frivole dispute.

Nous l'avons dit déjà, la passion dominait Edouard ; or, vous savez, ou vous ne savez pas, lecteur, que la passion brûle et tue. Voyez plutôt. Il est minuit. Tout est calme dans le village de Veuves, tout dort à cette heure dans la maison du père Ménars, excepté son jeune fils. En effet, Edouard, dans une agitation extraordinaire, se promène à grands pas dans sa chambre ; il cherche à étouffer en lui le feu qui le dévore ; il veut en vain éloigner sa pensée de Marguerite, elle y revient toujours avec plus de force.

— Mon Dieu, s'écrie-t-il dans sa fureur, tu as allumé en mon sein une passion, et tu ne m'as pas donné d'armes pour la combattre. On ne souffre pas plus que moi dans ton enfer ; suis-je donc déjà condamné ? Marguerite ! Marguerite ! toi qui peux calmer mes tortures, viens à moi, si tu ne veux pas que je succombe !

S'imaginant que le grand air doit lui être propice, il s'apprête à sortir de sa chambre ; mais il aperçoit sur le seuil de sa porte une forme blanchâtre qui lui barre le passage. Effrayé d'abord, il recule de quelques pas. Il ne tarde pas à se rassurer ; c'était la jeune fille, qui, de sa chambrette, séparée seulement par une cloison de celle d'Edouard, avait entendu ses cris, et accourait toute tremblante à son secours.

— Edouard, dit-elle en entrant, que t'arrive-t-il donc ? Serais-tu malade ?

— C'est toi, Marguerite. Oh ! malheureuse, qu'as-tu fait ! Fuis, fuis vite, ou tu es perdue !

— Tu m'épouvantes, Edouard ; veux-tu que j'appelle mon frère ?

— Oh ! ne t'avise pas de cela, répond Edouard en fermant la porte. Éveiller Jacques, pour qu'il vienne avec son calme habituel m'adresser encore des remontrances...

— Qu'as-tu donc ? mon Dieu, qu'as-tu ?..

— Je souffre à mourir ; Marguerite, tu peux anéantir toutes mes douleurs. Viens dans mes bras, viens, Marguerite !

La naïve jeune fille, ne comprenant rien aux souffrances d'Edouard, se jette en pleurant dans ses bras ; à peine est-elle qu'elle veut se retirer, mais il lui est impossible de rompre la chaîne qui l'entoure ; et puis ne partage-t-elle pas elle-même ce violent amour qu'elle a inspiré !...

Le lendemain de cette délicieuse et terrible nuit fut pour nos jeunes gens une journée de remords. Edouard ne se pardonnait pas d'avoir profané la pureté d'une jeune fille qui était presque sa sœur ; Marguerite se croyait damnée. Ange déchu, elle n'avait pas encore puisé dans l'amour ce divin enthousiasme qui s'élève au-dessus de tous les préjugés, qui méprise tous les dangers.

Edouard était chargé de la fermeture de la boutique ; ce soir-là il négligea son office, afin de s'évader plus librement avec Marguerite, lorsque sonneraient dix heures. Le petit complot ourdi entre les amants réussit à merveille. Ils sortirent sans éveiller un chat dans la maison et gagnèrent la campagne. Dans cette promenade quelque peu fantastique, Marguerite exprima tous les doutes et les craintes qui la tourmentaient avec une charmante naïveté.

— Que redoutes-tu? lui répondit son amant; nous avouerons tout à mon bon père, qui m'aime tant; il nous pardonnera et nous unira. Enfant, pourquoi t'inquiéter, quand tu sais que je t'aime pour la vie?

Doux échos qui avez répété leurs serments et leurs bruyants baisers, vous en souvenez-vous? Génie du mal, qui cachais ton front dans les ténèbres, t'en souviens-tu?...

Depuis quelque temps, il se jouait un drame intime sous le toit du père Ménars. Le vieux soldat était accablé de tristesse, parce que son fils Édouard, pour qui il avait une grande prédilection, était d'une humeur sombre et semblait le fuir; le pauvre vieillard crut n'être pas aimé. Quant à Jacques, il cachait, par son travail incessant et son air enjoué, le mal qui le minait sourdement, car il avait remarqué l'altération des traits de Marguerite, dont le visage, si frais autrefois, ressemblait aujourd'hui à un lis flétri sur sa tige. Il cherchait vainement à saisir l'énigme du triste changement survenu dans la famille; son esprit se perdait dans le dédale des hypothèses. En homme courageux, il méprisait ses souffrances pour consoler son vieux père.

En considérant ce triste spectacle, malgré moi je me reporte à l'époque où cette famille offrait le calme du bonheur, et je me rappelle les inquiétudes de madame de Valdines, si éloquemment exprimées par ces paroles : « Passions qui détruisez tout par votre souffle corrosif, passez, sans vous arrêter, devant ce seuil de bonheur; ne tuez pas ce vieillard, ne faites pas grimacer ces visages frais éclos. Passez, passez vite! »

Madame de Valdines était veuve d'un ancien fournisseur des armées de Napoléon; son mari lui avait laissé une fortune considérable. Soit qu'elle ne voulût pas donner un beau-père à sa fille Emma, soit qu'elle ne trouvât pas dans ses nombreuxx prétendants un cœur qui lui convînt, madame de Valdines était restée veuve, et sa conduite n'avait donné aucune prise à la médisance. Elle possédait, à un quart de lieue de Veuves, une charmante maison de campagne où elle venait, chaque année, passer la belle saison. Cette fois elle s'était fait accompagner par un galant cavalier, M. de Tercy, élégant désœuvré, qui avait eu soi-disant une jeunesse orageuse, très-propre à briller dans une conversation, et par conséquent à charmer les ennuis d'une solitude. Quoique madame de Valdines eût un caractère facile et enjoué, elle était loin cependant d'être frivole; elle lisait beaucoup. George Sand était son auteur favori. Mademoiselle Emma, sa fille, n'était pas précisément d'une mauvaise nature, mais elle avait l'esprit gâté par sa mère, qui, coupable de trop de bonté, pliait devant tous ses caprices.

Aussitôt que madame de Valdines fut arrivée à sa campagne, elle envoya un domestique pour prévenir le père Ménars de son arrivée. Cette nouvelle fut accueillie avec une joie turbulente par toute la famille. On projeta qu'on irait rendre une visite à la maîtresse du *château*. En effet, le lendemain on était prêt; chacun avait endossé ses plus beaux vêtements. Marguerite, que la pâleur rendait encore plus jolie, était revêtue d'une robe blanche et d'un bonnet à la mode du pays; Édouard avait orgueilleusement bouclé ses longs cheveux noirs; Jacques s'était contenté de sa carmagnole, et le père Ménars avait risqué la culotte des grandes cérémonies. Ils s'apprêtaient tous à partir, quand un messager vint leur annoncer que, dans dix minutes, madame de Valdines et sa fille seraient chez eux. Grand fut leur désappointement; ils furent même contrariés d'être ainsi prévenus.

— Vite, vite, Jacques, s'écria le père Ménars, arrange notre petite salle; c'est là que nous recevrons notre monde.

Jacques avait à peine terminé son travail que madame de Valdines entra, suivie de sa fille et de M. de Tercy.

Le vieux soldat fit un profond salut aux trois personnages.

**Édouard courut embrasser sa protectrice.**

**Emma alla serrer la main de Marguerite, son amie.**

Puis madame de Valdines fit un signe amical à Jacques, qui se tenait dans un coin.

M. de Tercy jeta un coup d'œil sur Marguerite.

— Vous m'attendiez? demanda madame de Valdines, je vous vois tous habillés.

— Non, madame, répondit le père Ménars, mais nous allions nous rendre à votre *château*; nous vous aurions épargné la peine de venir. Vous savez bien que c'est à nous d'aller vous trouver.

— Il ne s'agit pas ici de devoir ni d'étiquette, répondit madame de Valdines, nous ne sommes plus à Paris. On n'est parfaitement libre qu'au milieu des champs.

— Oh! vous êtes si bonne... vraiment... Veuillez donc passer dans notre petite salle, ajouta le père Ménars, peu habile à manier la phrase, vous serez mieux qu'ici.

Quand tout le monde fut assis, M. de Tercy prit une chaise et se plaça à côté de Marguerite.

— Madame, mademoiselle et monsieur, dit Édouard, vous serait-il agréable de goûter quelques fruits de notre jardin?

— C'est vrai! dit le père Ménars, je n'y pensais pas. Malhonnête que je suis! Jacques, va cueillir...

— Restez, monsieur, interrompit madame de Valdines; nous vous remercions; nous ne prendrons rien, car nous avons déjeuné avant de partir. Dites-moi donc, mon père Ménars, si vous êtes toujours en bonne santé, si vos affaires vont bien, si vos enfants charment votre vieillesse.

— Quelle bienveillance! madame, vous daignez vous occuper de moi. Mes affaires augmentent de jour en jour; ma santé n'est pas très-bonne; mes blessures me tourmentent toujours, mais mes enfants sont une large compensation à toutes ces tracasseries. Jacques est un fort bon ouvrier; il me seconde autant qu'il le peut dans mes travaux; du matin au soir il est à l'ouvrage, il ne bouge pas. J'ai beau lui dire : « Jacques, tu te fatigues trop; mon garçon, il faut te modérer. » Bath! il ne m'écoute pas.

— Mon père, dit timidement Jacques, je ne fais que mon devoir.

— Marguerite, continua le père Ménars, Marguerite est un trésor; c'est elle seule qui s'occupe du ménage, et je vous réponds que tout est en ordre.

— Quelle charmante enfant vous avez là! s'exclama M. de Tercy en désignant Marguerite.

La jeune fille devint rouge comme le feu.

— Marguerite ne m'appartient pas, répondit le père Ménars; elle est la fille d'un de mes compagnons d'armes, qui est mort à Waterloo; mais c'est égal, je la regarde comme mon enfant.

— Vous ne nous parlez pas d'Édouard, observa madame de Valdines.

— Ce pauvre Édouard, je l'avais oublié, dit le vieux soldat avec émotion. Oh! madame, Édouard est le savant de la maison; c'est lui qui tient nos écritures. Je parierais qu'il sait par cœur les livres de la bibliothèque que vous avez eu la bonté de lui donner. C'est peut-être l'étude qui le rend affairé comme il est; depuis quelques mois, je le trouve tout drôle, il n'est plus aussi gai qu'autrefois.

— Vous vous inquiétez à tort, mon bon père; je n'ai aucun sujet qui m'attriste, dit Édouard en allant embrasser le vieux soldat, comblé de joie par ce témoignage d'amitié.

— Je propose une promenade, dit madame de Valdines; M. de Tercy ne sera pas fâché de connaître les environs de Veuves.

— J'en serai enchanté, madame.

— En route! s'écria gaiement le père Ménars.

Lorsqu'on fut dehors, madame de Valdines se saisit du bras du vieux soldat, tout confus de cet honneur, en s'écriant :

— Imitez-moi, mesdemoiselles!

Mademoiselle Emma accepta le bras d'Édouard.

M. de Tercy s'empressa d'offrir le sien à Marguerite, qui ne put le refuser.

On convint de s'arrêter à la ferme des Boteaux.

La petite troupe était disposée ainsi : Édouard représentait l'avant-garde ; le père Ménars et M. de Tercy étaient au milieu, et Jacques marchait seul à l'arrière-garde.

Après avoir suivi un petit sentier, la petite troupe déboucha tout à coup sur une magnifique prairie. La journée était belle : le soleil dardait ses rayons sur les cimes des longs peupliers. Un doux murmure s'élevait dans l'air ; le gazouillement des oiseaux et des gentilles cascades, le frémissement d'une légère brise formaient un divin concert. La nature semblait s'être parée de ses atours les plus attrayants pour rendre hommage à l'Être invisible et inviter les mortels à l'adorer.

La demi-heure de marche avait été bien employée. Chaque couple entretenait une conversation assez active.

Édouard bondissait en écoutant mademoiselle Emma, qui lui faisait une peinture attrayante de la capitale ; de folles bouffées d'ambition lui montaient au cerveau. Le père Ménars se disputait littéralement avec madame de Valdines, parce que celle-ci refusait de recevoir six mois de loyer en retard de sa maison de Veuves. Marguerite se démenait sous le bras du dandy.

— Aussi belle que vous êtes, mon enfant, disait M. de Tercy, vous ne devez pas manquer d'amoureux dans le village.

— Qui vous l'a dit ? s'écria imprudemment la jeune fille, s'imaginant que sa faute était découverte.

— Ne craignez rien, répondit le dandy avec impudence, je ne suis pas homme à divulguer un secret.

— Mais, monsieur, répliqua Marguerite, toute confuse et prête à pleurer, je n'ai aucun secret à garder... Vos soupçons sont des outrages...

— Vous aurais-je offensée ? telle n'est pas mon intention. C'est une chose si naturelle d'aimer et d'être aimée, quand on est aussi charmante. Vraiment je me sens beaucoup d'amitié pour vous.

Et ce disant, le dandy baisait passionnément les mains de Marguerite. La jeune fille effrayée se dégagea de ses bras et s'enfuit comme une gazelle.

Cet homme blasé était devenu subitement *amoureux* de Marguerite.

Jacques était bien arriéré. Il marchait lentement, les larmes dans les yeux. Ce n'était pas parce qu'on avait l'air de le dédaigner qu'il pleurait, non ! c'était parce que la Marguerite d'aujourd'hui n'était plus la Marguerite d'autrefois ; il la voyait chaque jour plus triste et plus pensive. — Le cœur d'un amant est un cristal pur qui réfléchit toutes les douleurs et toutes les joies de l'objet aimé. — Jacques s'ingéniait à deviner la cause de cet abattement qu'il remarquait chez Marguerite ; mais si une supposition lui venait à l'esprit, il la jugeait blessante pour la jeune fille et la repoussait de toutes ses forces.

— Marguerite, répétait-il douloureusement, ange de ma vie, tu souffres, et je ne puis rien pour toi. Oh ! je donnerais mon sang pour que tu retrouvasses ta douce gaîté perdue : mais, non, je suis impuissant à te consoler. Misérable que je suis !

Et le pauvre Jacques pleurait à chaudes larmes.

Édouard, mademoiselle Emma, le père Ménars et madame de Valdines s'étaient arrêtés à la ferme des Boteaux, qu'ils avaient rencontrée sur leur chemin, et là ils attendaient les retardataires. Ils commençaient déjà à s'impatienter, quand ils virent Marguerite qui accourait toute seule vers eux.

— Comme te voilà émue ! dit le père Ménars à la jeune fille, lorsqu'elle fut près de lui.

— C'est que... mon père... répondit-elle en balbutiant, j'ai trop couru.

— Qu'est donc devenu M. de Tercy, demanda mademoiselle Emma.

Marguerite ne répondit point.

— Soyez rassurés, me voici, dit le dandy en se présentant. Cette demoiselle, ajouta-t-il avec un sang-froid imperturbable, a eu une telle crainte de vous perdre qu'elle s'est envolée comme un oiseau, et je n'ai pu la suivre de plus près. Voyez, je suis tout essoufflé.

Jacques survint un quart d'heure après.

Le soleil avait déjà quitté l'horizon ; sur sa trace flottaient de brillants nuages pourpres. On se remit en marche pour le retour. Marguerite choisit cette fois Emma pour compagne et s'éloigna de M. de Tercy, qui ne cessait de la regarder.

Arrivés à Veuves, madame de Valdines prit congé du père Ménars, après l'avoir invité à passer une journée chez elle.

Cette promenade produisit une fatale impression sur l'esprit d'Édouard. L'orgueil et l'ambition, que contenait à peine l'amour de Marguerite, surgirent tout à coup de son âme aux récits magiques d'une jeune fille. L'insensé ! Dans un paradis terrestre, entouré de soins et d'amour, il se jugeait malheureux. Il ne concevait pas qu'il y eût de la félicité à vivre sans faste, sans bruit, sans éclat. Ô hommes ! que vous voilà bien avec vos rêves enflammés qui dessèchent et consument votre vie. Le calme, l'obscurité, qu'est-ce pour vous ? de l'ennui. Pauvres malades qui, pendant toute votre existence d'insomnies, cherchez une position pour votre misérable corps, jusqu'à ce que vous ayez trouvé la mort ! Et vous exigeriez qu'on pleurât sur vos misères, qu'on s'agenouillât devant vos folies ? Dites-moi, pourrait-on s'attendrir à la vue d'un fou qui éperonnerait sa cavale, lancée au galop, dans le dessein de l'arrêter ? — Ainsi votre esprit fantasque agit envers votre corps...

Madame de Valdines avait une affection vraiment maternelle pour Édouard. Qui avait amené cet amour ? Les qualités morales du jeune homme ?... il ne brillait pas de ce côté-là ; du reste, il n'était pas dans un âge assez avancé pour qu'elles fussent développées. C'était plutôt sa figure spirituelle et jolie qui lui avait valu sa protectrice. Madame de Valdines n'était pas étrangère au faible de son sexe ; rarement vous verrez une femme protéger un pauvre diable dépourvu d'avantages physiques. Nous ne blâmons personne ; chacun tire parti de ses agréments : nous nous bornons à constater le fait.

Édouard quittait souvent sa demeure habituelle pour rendre quelques visites à sa protectrice ; il semblait qu'il fût plus à l'aise dans cette atmosphère de richesses.

Un soir qu'il était assis sous une charmille du jardin en compagnie de madame de Valdines, celle-ci lui dit :

— Édouard, il paraît... que vous ne vous appliquez pas beaucoup au travail ; votre père n'est pas très-content de vous sur ce point. Voyons, ne rougissez pas. Je vous demande une confession sincère.

— Madame, répondit Édouard, ostensiblement contrarié, je vous avoue que je ne ressemble nullement à mon frère Jacques, qui travaille du matin au soir ; non, je n'ai pas ses qualités. J'ai fait de nombreux efforts pour vaincre ma paresse, sans jamais y réussir. Aussitôt que j'ai passé deux heures à l'établi, je suis aussi fatigué que si j'y étais resté une journée. Alors je prends un des livres de cette bibliothèque que j'aime tant, car elle vient de vous, et je me surprends à lire jusqu'à la nuit.

— Ma fille ne m'a pas trompée, pensa madame de Valdines. Dites-moi, continua-t-elle en fixant ses yeux sur ceux d'Édouard, n'avez-vous pas quelquefois désiré quitter Veuves... N'avez-vous jamais ambitionné une position plus éclatante que la vôtre ?

Le jeune homme baissa silencieusement la tête.

— Confiez-moi tout, mon enfant, reprit avec bonté madame de Valdines ; n'ayez pas plus de crainte que si vous parliez à votre mère.

Édouard releva la tête et mit en ordre les longs cheveux qui flottaient sur son front ; son œil s'alluma d'un éclat étrange ; ses narines se gonflèrent pour laisser un plus libre passage à l'air ; toute sa physionomie devint orgueilleuse. On eût dit, à le voir, un cheval fougueux prêt à se lancer avec impétuosité dans l'arène.

— Oh ! madame, j'ai mille fois maudit le sort qui me tient cloué en ce pays. Vous ne savez pas que le secret de ma paresse physique, c'est la continuelle occupation de ma pensée.

— Ah ! je comprends, vous bâtissez des châteaux en Espagne ?

— J'ai des vertiges. C'est un bruit qui bourdonne sans cesse à mes oreilles. Je m'imagine entendre le galop des chevaux, les cris de joie d'une foule d'hommes et de femmes, puis une musique bruyante entraîne ce pêle-mêle, cette cohue. Je vois, à travers le prisme de ma pensée égarée, des salles resplendissantes de lumière, de belles jeunes femmes couvertes de diamants et de brillants cavaliers empressés autour d'elles. Monté sur la Chimère ailée, je franchis les montagnes, les rivières, les villes, les royaumes, m'arrêtant seulement dans les palais des rois. Oh! que de merveilles j'ai entrevues dans mes rêves!... Je me rappellerai toujours la douleur que je ressentis quand, après avoir assisté aux fêtes d'une ville immense, et me croyant dans un palais, je me réveillai dans mon lit, à Veuves. Je cherche vainement à éloigner ces images, ces feux follets : ils viennent sans cesse éblouir mon imagination.

— Votre père ignore-t-il les aberrations de votre esprit? demanda madame de Valdines, très-étonnée de ce récit.

— Il ignore tout, répondit Edouard; c'eût été l'affliger que de le lui apprendre.

Il se fit un instant de silence.

— Je croyais cependant que vous étiez heureux, Edouard? dit madame de Valdines.

Le jeune homme ne répondit rien : deux larmes furtives, qu'il essuya à la hâte, s'échappèrent de ses yeux.

Madame de Valdines s'en aperçut.

— Ne vous affligez pas ainsi, mon enfant, lui dit-elle. Un voyage chassera toutes ces folles idées. Edouard, je vous emmènerai à Paris avec moi.

Le jeune homme croyait rêver. Il regarda sa protectrice pour s'assurer de la véracité de ces paroles, et s'écria en se jetant à ses genoux :

— Je n'osais espérer tant de bonheur; vous êtes pour moi une bienfaisante fée, madame. Comment reconnaître tant de bienfaits, mon Dieu!...

Cependant Marguerite devenait de jour en jour plus inquiète; elle était dans une position insoutenable : si elle n'apercevait que très-rarement son amant, dont la figure préoccupée annonçait que sa pensée voltigeait bien loin d'elle, en revanche M. de Terey la poursuivait de ses mots galants, et Jacques la tourmentait sans cesse par d'indiscrètes questions.

— Marguerite, disait Jacques, me repousses-tu donc toujours? n'as-tu plus de confiance en moi qui t'aime. N'ai-je pas le droit d'être de moitié dans tes plaisirs et dans tes chagrins, puisque je suis heureux de tes joies et que je souffre de tes douleurs? Quel est donc le sujet qui fait couler tes larmes? Oh! parle, je t'en supplie...

— Jacques, je ne suis pas malheureuse, moi; c'est le malheur d'un autre qui m'attriste; tu as tort de te chagriner pour moi.

— Quel est cet autre? dis-le-moi.

— C'est un secret.

— Ah!... c'est un secret... Je ne demande plus rien... Je ne cherche pas à le pénétrer.

Et Jacques s'en allait en soupirant.

Toutes les pensées d'Edouard étaient tournées vers la réalisation de son voyage. Il s'entendit donc avec sa protectrice à l'effet d'en instruire son père, seulement. Madame de Valdines fit venir le père Ménars à sa maison de campagne et lui demanda son assentiment au départ de son fils. On ne saurait dépeindre la douloureuse stupéfaction du vieux soldat en apprenant que son fils allait le quitter. Il se récria d'abord; mais, pressé vivement par les sollicitations de madame de Valdines, qui lui assura qu'au bout d'un mois Edouard serait de retour à Veuves, il capitula. Il est bon de dire qu'on lui avait bien défendu d'en parler à ses autres enfants. Le père Ménars obéit scrupuleusement, mais il ne put supporter cette nouvelle; il tomba malade et fut forcé de se mettre au lit. Edouard ne demandait que le consentement de son père; tout allait au gré de ses désirs : Marguerite, qui eût été un obstacle invincible à son départ, si elle eût été instruite de ses intentions, ne se doutait de rien, et Jacques était absorbé par la tristesse et le travail.

Le 29 octobre, madame de Valdines rendit une visite d'adieu au vieux soldat malade, qui s'était levé par bienséance.

Edouard avait mis en paquet ce qu'il possédait, c'est-à-dire deux pantalons et une redingote de rechange. Quand madame de Valdines fut un peu éloignée, il vint à son tour faire ses adieux à son père. Il pleurait, car ses rêves ambitieux n'avaient pas encore étouffé son cœur, car il songeait à Marguerite, qu'il laissait dans un état affreux. Aussitôt que le père Ménard aperçut son fils en costume de voyage, il s'élança sur lui, et, l'entourant de ses bras, il s'écria douloureusement :

— O mon fils chéri! aie pitié de ton vieux père; ne le quitte pas. Comment pourrai-je vivre loin de toi, mon enfant!...

Edouard ne répondit rien. Jacques assistait à cette scène; il comprit tout, en entendant ces quelques paroles.

— Ah! monsieur va courir les aventures, dit-il en raillant. Veuves est trop petit pour le contenir, sans doute. Edouard, tu délaisses ton père, quoiqu'il soit malade, tu te sépares de Marguerite et de ton frère qui t'aiment, pour aller... je ne sais où. Edouard, tu es un ingrat!...

— Jacques!

— Puisses-tu ne jamais te repentir de cette action. Pour moi, je reste auprès de mon vieux père; je ne l'abandonnerai jamais, non jamais!...

Le père Ménars sanglotait.

— Jacques, répliqua Edouard, je m'absente pour un mois, tout au plus; je vous reverrai bientôt; est-ce que je ne vous aime pas autant que vous m'aimez? Oh! portez mes adieux à Marguerite! Adieu, Jacques; adieu, mon bon père!...

Edouard embrassa son père, serra la main de Jacques, et s'enfuit à toutes jambes, craignant l'arrivée de son amante.

— Adieu Edouard! adieu, mon cher fils! criait le vieux soldat.

Par un fatal hasard, la jeune fille avait écouté la fin de la conversation. Respirant à peine, elle avait collé son oreille à la porte de la salle à manger. Quelle ne fut pas sa frayeur lorsqu'elle entendit ces deux mots : Adieu, Edouard!

Elle se précipita aussitôt dans la première pièce.

— Qu'avez-vous dit? s'écria-t-elle toute haletante. Vous vous êtes trompés... il n'est pas parti... Edouard... où est-il? Que se passe-t-il donc? Mon Dieu, m'auriez-vous maudite!...

Ses longs cheveux blonds flottaient en désordre sur ses blanches épaules; ses yeux roulaient avec vitesse dans leurs orbites, sa physionomie était égarée.

Jacques, qui soutenait de son bras gauche le père Ménars, dont les forces étaient épuisées, lui répondit :

— Edouard vient de partir pour Paris, je crois. Il reviendra bientôt...

Marguerite jeta un cri effrayant et s'évanouit.

Jacques la reçut sur son bras droit.

— Malheur! s'écria le pauvre Jacques, brisé par tant de douleurs, elle l'aimait! Voilà le secret qu'elle me cachait... Dieu du ciel, ayez pitié de moi!...

Deux larmes brûlantes sillonnèrent ses joues; puis il s'empressa de prodiguer ses soins aux deux malades qu'il soutenait dans ses bras.

### Une Histoire en diligence

Lorsque Edouard se fut étendu sur les coussins de la diligence, Veuves et ses habitants s'effacèrent complètement de sa pensée; il reporta ses idées vers la splendide ville qu'il allait pouvoir enfin visiter dans quelques heures. Paris est un aimant pour tous les provinciaux; c'est le soleil autour duquel gravitent, comme autant d'astres et de planètes, toutes les villes de la France. Aussi, chaque année, se vient-il brûler dans cette fournaise ardente qu'on nomme Paris une centaine de pauvres diables qui, parce qu'ils ont étonné par leur science leur maître d'école et le curé de leur paroisse, s'imaginent être des prodiges et se croient autorisés à venir pédantesquement étaler leurs merveilles dans le palais des rois, dans la ville féerique; mais la froide déception glace bientôt la chaleureuse poésie de leurs rêves, et ils regagnent tristement *le pays qui leur a donné le jour.* Cependant que de beaux projets germaient dans leurs têtes à leur départ! Ah! c'est notre sort, pauvres humains. A notre entrée dans la vie, nous sommes d'une insouciante gaieté; il y a tant de naïveté dans notre caractère, que nous semons des roses sur les précipices; mais, au retour, nous baissons la tête; nous pleurons sur nos espérances, légers oiseaux qui se sont envolés à l'approche de l'hiver. Ami lecteur, ne te formalise pas de cette réflexion quelque peu philosophique, je continue mon récit. Aie la bonté de me suivre.

A cinq lieues d'Orléans, la diligence s'arrêta pour relayer les chevaux. En cet instant, un homme enveloppé d'un manteau demanda au conducteur s'il pouvait le loger dans son véhicule.

— Tiens, c'est vous, monsieur Vilmar! s'écria le conducteur surpris. Par quel hasard vous trouvez-vous sur la route à cette heure-ci?

Celui qu'on venait d'appeler ainsi parut très-contrarié d'avoir été reconnu. Il ne répondit pas à la question qui lui fut adressée.

— Au pis aller, reprit le conducteur, je vous mettrais sur l'impériale; mais je crois qu'il reste une place vacante dans l'intérieur. Attendez, je vais demander aux voyageurs...

Le conducteur s'adressa à M. de Tercy, qui lui répondit que ce monsieur s'assiérait facilement à côté de lui. M. Vilmar prit place dans l'intérieur, et deux minutes après le postillon fouettait les chevaux, qui partirent au galop.

L'arrivée de cet inconnu avait éteint la conversation qui s'était engagée entre madame de Valines et Edouard. Celui-ci, assez contrarié de cet incident, se mit de nouveau à rêver. L'ambition l'emporta sur ses ailes de feu, et il ne songea plus aux personnes qui l'entouraient. Existe-t-il une musique, en effet, qui soit plus agréable à l'oreille du rêveur que le tintement des grelots, que les chants lointains des paysans attardés, que tous ces bruits qui éclatent dans le calme mystérieux de la nuit!

M. de Tercy et madame de Valines commençaient à s'assoupir, quand un gémissement sourd, parti d'un des coins de la diligence, leur fit relever la tête.

— Seriez-vous malade? dit M. de Tercy à l'inconnu placé à côté de lui.

— Je vous demande pardon de vous importuner, répondit M. Vilmar. Je suis un malheureux... Mes pleurs s'échappent malgré moi de mes paupières...

Cette subite révélation émut fortement toutes les personnes qui l'entendirent.

— Parlez, dit M. de Tercy à l'inconnu; personne ne dort. Ayez assez de confiance en nous pour nous raconter toutes vos souffrances; cela vous soulagera peut-être. Nous nous associerons à votre sort.

Puisque vous le permettez, répondit M. Vilmar, j'abuserai de votre indulgence, car vous savez que la douleur est prolixe.

M. Vilmar s'arrêta pour se remettre de son émotion, puis il reprit en ces termes :

« Je me nomme Vilmar. Quoique mes parents fussent pauvres, ils parvinrent, en s'imposant de grands sacrifices, à me donner de l'éducation; puis ils me placèrent chez M. T..., notaire de la ville d'Orléans. D'abord je fus employé en qualité de troisième clerc; mais deux ans après M. T..., qui m'avait pris en affection, me nomma son premier clerc. Je croyais être au comble de la félicité, tous mes vœux me semblaient réalisés; par malheur je comptais sans mes passions. A quelque temps de là, je devins éperdument amoureux de la fille unique du notaire. Mademoiselle Félicienne eût été la créature la plus parfaite, si son moral eût ressemblé à son charmant physique. Mais elle avait de très-grands défauts : elle était coquette, médisante, méchante même. Bien que je reculasse effrayé devant toutes ses imperfections, je ne cessai de l'adorer. Je n'ai jamais pu me rendre compte de mon propre sentiment. Quand elle n'était pas devant moi, je m'accablais de reproches : Puis-je être amoureux d'une pareille femme! m'écriais-je, et sitôt que je la voyais, mon cœur volait au-devant d'elle. C'est ce qui m'a fait croire au destin. M. T..., après m'avoir observé, s'aperçut de la négligence que j'apportais dans mon travail. Il m'appela un jour dans son cabinet.

» — Tu as de nombreuses distractions, me dit-il; je ne te reconnais plus. Quelle est la cause de ce changement?

» — Monsieur, lui répliquai-je en balbutiant, je ne crois pas avoir changé...

» — Tu refuses de me répondre; je te renvoie!...

» — Eh bien! m'écriai-je désespéré, sachez donc que j'aime mademoiselle Félicienne.

» — Ingrat, pourquoi ne m'as-tu pas avoué cet amour plus tôt, dit M. T... en se calmant, ce qui me surprit beaucoup. Ma fille est en âge de se marier. J'aime autant que ce soit toi qu'elle prenne pour mari, si tu lui plais toutefois; car tu sais, mieux que personne, que je ne contraindrai jamais ma fille en quoi que ce soit. C'est une enfant gâtée; elle fait de son père à peu près ce qu'elle veut. Rassure-toi, Arthur, je serai ton avocat auprès de Félicienne.

» Je me jetai à ses genoux en le remerciant de ses bontés. Le digne M. T... me tint parole; il fit part de mon amour à sa fille en me proposant, bien entendu, comme un bon mari. Félicienne parut assez satisfaite. Dès lors nous fûmes fiancés. Tout me souriait; l'avenir se colorait pour moi de mille reflets magiques; mais Dieu, qui n'accorde jamais une somme complète de bonheur aux humains, afin, sans doute, de les tenir sans cesse en garde contre le grand fléau destructeur, m'enleva mon protecteur huit jours avant l'époque qu'il avait lui-même fixée pour mon mariage. A son lit de mort, il me dit, en mettant la main de sa fille dans la mienne :« Rends-la heu» reuse, je t'en prie; qu'elle trouve un second père dans son » mari.» Après que je l'eus assuré de me consacrer au repos de son enfant, il expira doucement.

» Par son testament, M. T... me concédait de plein droit son étude. Lorsque l'année de deuil fut passée, je consultai longtemps Félicienne; je lui demandai si elle était dans les mêmes dispositions à mon égard; elle me répondit affirmativement, et nous nous unîmes par un lien indissoluble. Six mois se passèrent, sans que le plus petit nuage eût obscurci notre union; mais la fatalité voulut que ma femme allât visiter madame Bronté, son amie, chez laquelle elle rencontra un de ces jeunes hommes charmants qui ont pour mission de déshonorer les femmes et de porter la honte dans les ménages. Fils d'un riche propriétaire, M. Victor Chevannes avait des loisirs à occuper; c'est ce qui l'engagea à demander à ma femme la permission de lui rendre visite. Il fut reçu, en effet, dans ma maison, non sans une certaine défiance de ma part, car ses airs de fat ne m'en imposaient nullement; mais je cédai par faiblesse, pour conjurer un orage qui eût infailliblement éclaté entre ma femme et la fille de mon bienfaiteur. Je ne tardai pas à me repentir de ma trop grande bonté. Un soir que je rentrais inopinément d'un petit voyage, je pénétrai dans la chambre de Félicienne, et je la surpris avec son séducteur. La douleur que je ressentis en ce moment ne peut se décrire; je crus mon cœur percé tout à coup de mille flèches empoisonnées. Les deux coupables étaient tremblants devant moi. Par un mouvement instinctif, j'avais tiré un poignard qui semblait les menacer. — Ne craignez rien, leur dis-je, je n'ai pas le dessein de me venger de l'outrage que je reçois aujourd'hui. Tout amour s'enfuit à la vue d'une femme qui trahit honteusement son mari, toute haine disparaît à la vue d'un lâche qui s'introduit pour voler dans la maison de l'honnête homme.

» — Monsieur, vous m'insultez! murmura sourdement M. Victor Chevannes.

» — Ecoutez-moi, dis-je à mon ennemi. Vous êtes sans armes, sans force, sans honneur. Moi, je suis armé; par conséquent je suis le maître de votre existence. Je puis commettre un meurtre avec impunité! Ne m'interrompez pas. Eh bien! je vous laisse cette vie que vous employez si vertueusement, à la seule condition que vous rendrez heureuse la femme que vous avez déshonorée.

» — Je ne comprends pas, me répondit M. Chevannes.

» — Voici l'explication, lui répliquai-je. J'ai juré à M. T... mourant que je me consacrerais entièrement au repos de sa fille. Je n'ai plus aucune influence sur sa destinée, puisque vous avez jugé à propos de prendre ma place, et que c'est sur vous que Félicienne a reporté toutes ses affections. Il faut donc qu'à votre tour vous me répétiez le même serment que j'ai fait à M. T... Vous voyez que je ne suis ni barbare, ni cruel.

» Il m'obéit en tous points.

» —Maintenant, continuai-je, afin que vos amours ne soient troublées par aucun caquetage, vous viendrez ici quand il plaira à madame. Désormais je suis un étranger pour elle. Je crois que je pleurais en prononçant ces paroles. O faiblesse du cœur humain !

» Félicienne, étonnée de tant de douceur de ma part, restait muette de honte devant moi. Je sortis, laissant les coupables en face l'un de l'autre, pour aller pleurer librement dans ma chambre. Pendant les deux mois qui suivirent cette catastrophe, j'endurai le plus effrayant des martyres. Devant le monde, me il fallait sourire à l'amant de ma femme, et presser une main qui brûlait la mienne. N'y avait-il pas des sots qui me vantaient comme le mari le plus fortuné de la ville d'Orléans ? Le malheur attire deux espèces de gens : les sots et les méchants. Les sots sont les plus insupportables. Il y avait trois semaines environ que M. Chevannes n'avait franchi le seuil de ma porte. En observant furtivement Félicienne, je remarquai sa pâleur et son abattement. Je fis un mouvement pour aller à elle, mais l'amour-propre enchaîna mes pas. Cependant je la voyais décliner de jour en jour; peut-être était-elle persuadée que celui qu'elle aimait follement l'avait abandonnée; toujours est-il que je n'osais lui adresser la parole. J'étais occupé à lire la vie des philosophes anciens, car ma seule consolation consistait alors dans l'étude, lorsque Félicienne, les cheveux en désordre, l'air timide et abattu, entra dans ma chambre.

»—Qui vous a permis de franchir le seuil de cette chambre ? m'écriai-je aussitôt.

» — Ne me repoussez pas, me répondit-elle, d'une voix si faible que je fus saisi d'épouvante. Je n'ai d'autre soutien et d'autre défenseur que vous. Que deviendrais-je dans la vie, si vous refusiez de m'écouter !

» — Que vous arrive-t-il, madame? Que désirez-vous de moi?

» — Arthur !

» — Je vous défends de m'appeler par ce nom.

» — Eh bien, monsieur, je suis réduite à vous avouer que je ne puis dompter l'amour que M. Chevannes m'a inspiré. Oh ! ne croyez pas que je m'abuse sur votre position et sur la mienne : elle est affreuse, exécrable; je mérite votre courroux ; mais voyez comme j'ai vieilli depuis quelques jours, appréciez le résultat de son absence, et je suis persuadée que votre cœur généreux n'aura pas la force de me condamner. Oh! plaignez-moi, Arthur, plaignez-moi!

» — Je ne suis pas votre juge. Dieu seul, qui connaît nos cœurs, a le droit de nous juger, madame. Relevez-vous. J'emploierai tous mes efforts à *le* ramener vers vous. Vous ne vous adresserez jamais vainement à moi; je veillerai comme un père sur votre existence.

» Dès le lendemain, je me rendis chez M. Chevannes. Je lui rappelai sa promesse en termes aussi polis que possible. Il me répondit avec impertinence. Il me prit une terrible envie de le souffleter, sauf ensuite à lui en rendre raison; mais je me rappelai heureusement que telle n'était pas ma mission. Alors je ne répondis à ses injures qu'en lui peignant la triste situation du mari de Félicienne. Je déployai toute mon éloquence. Le voyant attendri, je me résignai à un acte que les hommes, j'en suis sûr, qualifieraient d'insigne lâcheté; je me jetai à ses genoux en le suppliant de ne pas tuer Félicienne. J'étais parvenu à le toucher au cœur; il acquiesça à mes désirs. Il était temps, car le sang bouillonnait dans mes veines. Je sortis presque fou de sa maison en m'écriant : —Mon Dieu! tu sais que je ne m'impose toutes ces humiliations que par respect pour la mémoire de mon bienfaiteur, à qui j'ai juré d'être le second père de Félicienne. Qu'elle ait besoin de ma vie, et je la lui sacrifierai avec plaisir. — Félicienne fut enchantée du retour de M. Chevannes; elle m'en témoigna ses remercîments.

» Cependant, malgré mes continuels efforts pour empêcher tout scandale, une parole légère, échappée par hasard à M. Chevannes, découvrit le secret de ma position. La ville entière s'abattit sur moi comme une nuée de corbeaux dans un champ. Des gens qui me vantaient leur amitié me reprochaient une bonté qui, disaient-ils, allait jusqu'à la sottise. Ennuyé de toutes ces remontrances, dégoûté des affaires, je vendis mon étude. Dès lors je projetai de me fixer à Paris, dans la ville où se cachent les grandes infortunes. Je réunis mon avoir en valeurs portatives, et j'annonçai ma résolution révocable à Félicienne et à M. Chevannes; ils se rangèrent de mon avis, et mon départ fut fixé au jour suivant. Afin de me délasser de mes fatigues, je me mis hier au lit de très-bonne heure. A la onzième heure de cette nuit, je me trouvais dans cet état intermédiaire qui n'est ni le sommeil, ni le réveil, lorsque je crus entendre le frôlement d'une robe et un bruit amorti de pas : j'écoutai attentivement, le bruit se renouvela; en me tournant un peu de côté, j'aperçus une forme blanche se dessiner vaguement dans les ténèbres. Je croyais rêver... mais la forme blanche s'avançait toujours vers mon lit. Tout à coup je sentis une main vigoureuse qui me saisit à la gorge. Me lever d'un bond, sauter à bas de mon lit ne fut la durée que de deux secondes. Je me jetai sur mon assassin. Après avoir lutté corps à corps avec lui pendant cinq minutes, je réussis à le terrasser et à lui arracher le poignard qu'il tenait dans sa main crispée. Curieux de connaître l'homme qui avait osé attenter à ma vie, je le traînai jusqu'à la croisée, que j'ouvris avec peine; la lune brillait au ciel : à la faveur de ses blancs rayons, il me fut possible de distinguer les traits de mon assassin. C'était M. Victor Chevannes.—Horreur ! m'écriai-je, en détournant la tête. Une fantasque vision s'offrit alors à moi; je reconnus Félicienne qui se tenait dans un coin de la chambre, immobile comme une statue, fixant sur moi des yeux qui flamboyaient dans la nuit comme deux escarboucles. Mille images horribles, qui se présentèrent simultanément à mon imagination effrayée, m'étourdirent au point que je perdis l'esprit et que je tombai anéanti sur le carreau de ma chambre. Lorsque je me relevai, une demi-heure après, je me remémorai tout ce qui venait de se passer. Je me procurai une lumière; mais quelle fut ma stupéfaction en remarquant l'absence du portefeuille qui renfermait ma fortune, que j'avais déposé le soir même sur ma table de nuit. Je descendis lestement les degrés de l'escalier dans la ferme résolution de demander un compte terrible de ses actions à M. Chevannes; il m'était réservé une douloureuse surprise qui devait couronner tous mes malheurs. J'entrai dans la chambre de Félicienne : tous les objets de valeur avaient été enlevés, et quelques meubles seulement restaient dans la chambre. — Plus de doute, m'écriai-je, les misérables, non contents de piller ma maison, avaient pris l'infernale résolution de n'y laisser qu'un cadavre. Voilà donc la récompense de tant d'indulgence et de tant de douceur. Cependant il était de la dernière urgence que je prisse un parti. — Si je reste dans cette ville, pensai-je, demain on m'arrachera peut-être un aveu qui sera la cause immédiate que le nom des T... retentira dans l'enceinte des tribunaux. Partons à l'instant, abandonnons cette maison maudite. Je jetai un manteau sur mes épaules, et je sortis de la ville. Il y avait quatre heures environ que je marchais, quand j'ai rencontré cette diligence, et que vous avez eu l'extrême obligeance de me recevoir au milieu de vous. Vous connaissez l'histoire de ma vie. »

Le jour qui commençait à poindre montra le majestueux visage de M. Vilmar. Madame de Valdines, très-émue par ce récit, lui prodiga les consolations que sa tendresse de femme put lui suggérer.

— Paris renferme-t-il vos parents, vos amis? demanda-t-elle à M. Vimar.

— Je n'ai ni parents, ni amis, répondit M. Vilmar, mais je marche sans crainte à présent. Dieu même n'a pas la puissance d'augmenter mes souffrances. Peu importe, en effet, que la mesure déborde un peu plus ou un peu moins.

— Monsieur, dit madame de Valdines, venez chez moi; vous y trouverez une famille.

La diligence était entrée dans la cour des messageries; les voyageurs descendaient déjà. M. Vilmar prit congé de ses nouveaux amis, en leur assurant qu'il ne manquerait pas de mettre à profit leurs bontés.

### Albert Rochefeuille

Edouard n'était pas enthousiaste de la belle et simple nature. Il avait regardé froidement les plus beaux sites, les plus admirables effets de soleil et de lune; il n'était pas taillé à la façon de ce philosophe qui, émerveillé au lever du soleil, se jeta à genoux en s'écriant : *Mon Dieu, peut-on ne pas l'aimer!* Belles paroles qui révèlent le sentiment intime des véritables artistes.

Toutefois, si Edouard n'avait pas assez de puissance d'âme pour comprendre la nature, il en eut assez pour admirer la ville. Paris lui plut infiniment. Dans le dessein d'explorer sur tous les points la capitale du monde civilisé, il pria M. de Tercy de l'accompagner et de le guider dans ses excursions à travers les rues parisiennes. Celui-ci voyait dans Edouard une de ces natures molles qui gardent l'empreinte que les caractères énergiques savent leur donner; il résolut de former un nouvel élève, car il en avait déjà créé au moins une vingtaine. Il accepta donc avec empressement. M. de Tercy était un très-bon observateur (c'est un rare mérite à notre époque, où tant de gens parlent et écrivent sans avoir observé); aussi découvrit-il facilement le côté vulnérable de son élève. Ce curieux, pensa-t-il, veut aller loin : aidé de mes conseils et de mon appui, il deviendra quelque chose.

Au retour d'une longue promenade, M. de Tercy emmena Edouard dans son domicile, afin qu'il se chauffât et qu'il ne rentrât pas aussi fatigué chez sa protectrice. Après s'être remis devant un bon feu, M. de Tercy se fit apporter un vaste bol de punch, auquel il mit le feu, en disant sans plus de préparation au jeune homme, qui s'était posté en observation devant un tableau représentant une femme nue :

— Regrettez-vous votre village?

— J'ai peur d'y retourner.

— Que dites-vous de Paris?

— Je dis que c'est la seule ville où les femmes soient si belles et si peu sévères, où les hommes soient si liants et si agréables; bref, où l'on rencontre des amis comme vous.

— Très-bien. Buvez, votre verre est plein d'une liqueur qui vous réconfortera. Edouard, vous me paraissez doué d'un esprit élevé. Je ne vous crois ni assez sot pour baisser la tête devant les fripons qui composent la majeure partie des humains, ni assez niais pour vous contenter d'une place dans les derniers rangs de la société.

— Vous avez deviné le secret de mon cœur, s'écria Edouard, dont la tête se trouvait quelque peu échauffée par le punch. Combien de fois je me suis surpris à verser des larmes sur ma misère, quand j'ai vu ces belles et voluptueuses femmes souriant à de riches cavaliers, ces équipages emportés par des chevaux qui brisaient le pavé étincelant sous leurs pieds, ces lumières éblouissantes, tout ce luxe enfin que j'envie, et qui semble me dire : Regarde, mais n'approche pas. O puissance de l'homme! avoir tous les désirs qui enflamment le cœur, et ne pouvoir même en satisfaire un seul! Supplice de Tantale, avoir faim de tout, sans qu'il soit permis de toucher à rien!... Mes yeux me brûlent la tête; ils causent toutes mes souffrances. Plutôt que de vivre ainsi, je préfère devenir aveugle ou jeter volontairement sur mon corps la lourde pierre sépulcrale!... Oui, je donnerais avec plaisir tout ce qui me reste de temps à vivre pour que je fusse libre d'user tout un jour des jouissances inouïes que j'ai rêvées!...

Les flammes rouges et bleuâtres du punch illuminaient d'un étrange reflet la figure sarcastique de M. de Tercy, qui considérait tranquillement Edouard dans l'exaltation de ses trans-

ports. A le voir, on eût dit Satan, au milieu de son enfer, se moquant des grimaces et des contorsions des malheureux damnés. Avis à ceux qui ne seraient pas en état de grâce (1).

— Calmez-vous, mon jeune ami, dit M. de Tercy. Le désespoir ne sied qu'aux faibles, les forts marchent sans être découragés par les nombreux obstacles que le destin sème sur leur chemin. Pour vous rassurer tout à fait, je vous annonce que, touchée de mes prières, madame de Valdines a écrit aux vénérables auteurs de vos jours, afin de leur ôter toute inquiétude, qu'elle vous gardait jusqu'à nouvel ordre. De plus, toujours d'après mes sollicitations et l'influence d'un haut personnage, votre protectrice doit obtenir pour vous un emploi honorable au ministère des finances.

Edouard était aux anges, sa joie éclata bruyamment.

— Monsieur de Tercy, s'écria-t-il, vous êtes mon plus sincère ami. Mais, murmura-t-il en poussant un soupir, j'ai des obligations là-bas...

Il n'osait pas prononcer le nom de son village.

— Où ça, là-bas? demanda M. de Tercy.

— A Veuves. Je ne puis, sans me rendre coupable d'une faute, d'un crime même, rester plus longtemps chez ma protectrice.

— Bah! bah! Quand on a une position à se créer, on laisse de côté et les obligations et la vertu. Concluez à l'anéantissement complet de vos projets ambitieux, plutôt que de vous embarrasser d'un bagage qui vous gênerait dans votre marche et qui vous contrecarrerait dans toutes vos manœuvres. Si vous tenez absolument à pratiquer la vertu, retirez-vous au fond des bois, et vivez-y dans l'obscurité et la pauvreté; mais ne venez pas à Paris avec une conscience tenace et le désir de vous enrichir, vous y perdriez votre temps. Qu'est-ce que la vertu, je vous le demande... *Virtus nomen est.* En effet, ce n'est pas autre chose qu'un vain mot. Je n'en veux pour preuve que l'exemple de M. Vilmar. Il a été vertueux comme un philosophe de l'antiquité, celui-là!... Aujourd'hui, il est méprisé de tous; aujourd'hui, il se trouve sans pain et sans amis. La prospérité dédaigne l'homme vertueux. Voici une histoire à l'appui de ce que j'avance. Retenez-la; si jamais vous devenez littérateur, ce dont Dieu vous garde, vous pourrez, à l'instar de nos romanciers nébuleux, en tirer deux volumes.

### Sommaire de deux volumes concédés à M. Édouard Ménars.

Albert Rochefeuille restait orphelin à vingt-deux ans, riche d'une fortune que son père lui avait abandonnée en mourant. Son premier soin fut de quitter son étude d'avoué et de s'adonner à tous les agréables exercices de la gymnastique parisienne. Il s'amusa tant et si bien, qu'un beau matin il se réveilla sans argent, sans amis, sans maîtresses. Au lieu de perdre son temps en de vaines réclamations contre l'inconstance de la fortune, des hommes et des femmes, il s'occupa à rééditer l'édifice qu'il avait détruit par sa folle prodigalité.

Il se lia avec des particuliers très-peu scrupuleux, spécula sur tous les niais qui se rencontrèrent sur son chemin, et réussit à refaire sa fortune. Poursuivi pour une bagatelle, il abandonna le commerce, changea de nom, et se répandit dans les salons. Comme il se présentait richement paré, on l'accueillit avec tous les égards dus à la prospérité. S'il eût été vertueux, il serait mort de faim sur un grabat; le mépris aurait remplacé l'estime qu'on a pour lui. Telle fut sommairement la vie de M. Albert Rochefeuille, ou plutôt la mienne!...

Edouard resta muet de surprise.

(1) Il est bon de remarquer que l'enfer, ce puissant épouvantail des religions prétendues révélées, n'existe que dans la faible imagination des hommes. Sans y ajouter la moindre créance, qu'il me soit permis de me servir de cette image au même titre que nous employons les belles figures de la Mythologie. (NOTE DE L'AUTEUR)

— Maintenant, reprit Albert Rochefeuille, réfléchissez à toutes ces futilités. Si vous n'êtes pas convaincu, j'achèverai votre éducation demain au bal que doit donner madame de Valdines, où se rassembleront quelques personnages que vous connaîtrez bientôt comme moi. Il se fait tard, rejoignez la demeure de votre protectrice.

Édouard, abasourdi, sortit de chez Albert Rochefeuille aussi chancelant au moral qu'au physique.

### Le nouvel Émile

Madame de Valdines recevait dans ses salons des personnes de toutes les classes de la société. Nobles, artistes et bourgeois étaient représentés dans ses soirées, rendues originales par ce mélange d'hommes et d'idées. Madame de Valdines était vraiment le type de la femme libérale. Sans passions, sans préjugés, elle connaissait le faible de chaque système. Bien loin de gémir sur les défauts et les ridicules des humains, elle jugeait plus sage d'en rire et de s'en amuser. Indulgence, douceur, science et sagesse, voilà les qualités qui se trouvaient réunies chez cette femme autant aimée que vénérée.

Le bal resplendissait de lumières, de chiffons éclatants et d'êtres joyeux. Madame de Valdines, appelée si justement la reine de la soirée, semblait avoir communiqué son esprit et sa gaieté à ses convives. Mademoiselle Emma, revêtue d'une riche et élégante toilette, était littéralement assiégée par les flatteries qu'on lui prodiguait. Quoiqu'elle eût à répondre à chaque cavalier par un sourire ou une parole aimable, elle ne perdait pas cependant de vue l'élève de M. de Tercy, qui causait très-chaleureusement avec son maître. Était-ce un effet de simple curiosité ou un amour naissant qui portait mademoiselle Emma à s'occuper d'Édouard? je ne sais; toujours est-il que ce dernier ne pensait nullement à elle, ce qui chiffonna son amour-propre de jeune fille.

— Rousseau, pensait M. de Tercy, a réussi à créer un être vertueux en huit volumes. Je veux lui prouver qu'avec moins de matière, j'introduirai un sacripant de plus dans la société.

Cette pensée porterait à croire que la nature humaine est plus encline au vice qu'à la vertu. L'exemple influe fortement sur les passions, et malheureusement l'exemple du vice est plutôt suivi que celui de la vertu. Pour un raisonneur vertueux, quoique prodigieusement paradoxal, comme Jean-Jacques, nous avons vingt précepteurs comme M. de Tercy.

— Je crois, dit M. de Tercy à Édouard, que vous admirez cet essaim de jeunes femmes.

— Vous vous trompez cette fois, répondit le jeune homme, car je remarque l'élégance des manières de ce monsieur qui vient de passer devant nous. Ce doit être un homme d'esprit.

— Mon cher élève, j'admire votre simplicité de jugement. Vous êtes jeune, par conséquent il vous reste du temps pour apprécier les hommes à leur juste valeur. Vous supposez spirituel ce gros être qui sue tellement la vanité et le bonheur, que sa vue m'occasionne des nausées; apprenez mieux à le connaître. Il passe pour spirituel, en effet. N'écrit-il pas dans deux ou trois journaux de Paris. Si vous avanciez que le classique Théophile Gradou n'a pas de talents, vous verriez surgir contre vous tous les sots, qui protégent toujours ceux qui leur ressemblent. Je vais vous le décomposer pièce à pièce, puis vous jugerez. Théophile Gradou est un ancien propriétaire. Quand il se vit criblé d'écus, il eut soif de gloire, et il résolut de s'illustrer dans les lettres. Pour arriver à son but, il se constitua le satellite obligé des rédacteurs de journaux, les choya, les invita à déjeuner et à danser chez lui, et leur offrit ses productions, qui furent reçues en expiation de ses bons dîners. Ce petit succès encouragea son audace : il inonda la littérature de ses œuvres bâtardes, je veux dire des œuvres défigurées des auteurs tant anciens que modernes. Il a l'orgueil de se croire un artiste, parce qu'il tape sur un piano et qu'il barbouille une toile; il s'intitule orgueilleusement *le soutien de l'art*. Ne le jugez pas capable de la plus petite créa-

tion; il compile, il arrange les ouvrages d'autrui. Je voudrais qu'il mît en tête de ses écrits : *Pages de tel auteur, salies par moi, Théophile Gradou*. Au bout de cinq ans de ces équipées, après avoir dépensé deux cent mille francs, Gradou possédait, à son grand étonnement, une réputation colossale; mais quoiqu'il soit renommé comme homme d'esprit, je puis vous certifier que son intelligence est aussi épaisse que son corps est gros. Tenez, le voyez-vous; il récite un madrigal de sa façon à mademoiselle de B....

Édouard resta ébahi.

— Voici le contraste parfait de Théophile Gradou, reprit M. de Tercy en désignant un long échalas enveloppé de noir de la tête aux pieds. Contrairement au conservateur ci-dessus désigné, aucun événement n'a tourné au profit de Victor Clabaude. Il a essayé vingt métiers, sans réussir dans aucun. Un esprit malin lui démontra, à l'aide d'arguments captieux, que tous ses malheurs découlaient du gouvernement actuel. Clabaude eut la naïveté de le croire : ne sachant que devenir, il se jeta corps et âme dans la politique. Clabaude se pendra le jour où il aura débité une phrase vide d'un de ces mots : *Patrie, honneur, liberté, gloire!* Son esprit n'est pas supérieur à celui de Gradou. Il se prend au sérieux, se croit un Brutus, un héros créé tout exprès pour délivrer notre malheureuse patrie de la servitude dans laquelle elle gémit!... Au reste, Clabaude justifie bien son nom; il n'ouvre la bouche que pour clabauder. Il joue passablement son rôle. Voyez : c'est le seul homme sombre de tout le bal; je suis persuadé qu'il se dit : « Je produis un bel effet parmi ces têtes évaporées. » Pour moi, je ne l'ai jamais vu sourire; on ne sourit pas non plus à son approche, parce qu'on le craint; ses airs de conspirateur en imposent.

En ce moment Victor Clabaude passa.

— Ces joies bruyantes, dit-il d'une voix rauque à M. de Tercy, me rappellent les Romains qui étaient plongés dans les fêtes et dans les débauches, quand les barbares se rendirent maîtres de leur patrie!...

— Connaissez-vous, demanda Édouard, ce jeune homme qui paraît si empressé auprès de cette dame en robe blanche?

— C'est M. Maximilien Bertade, autrefois Louis Bépaud. Il a la réputation d'être *le meilleur enfant du monde*, on le croit incapable de la plus petite méchanceté. C'est dommage que, ruiné par ses folies, il ait cru nécessaire d'empoisonner son père pour recueillir un héritage qui est en partie absorbé aujourd'hui.

— Infamie! s'exclama Édouard.

Toutes les figures étonnées se tournèrent vers le jeune homme, qui devint rouge comme un coquelicot.

— Laissons de côté, continua M. de Tercy, tous ces personnages plus méchants et plus ridicules les uns que les autres; la nomenclature de leurs sottises ou de leurs crimes serait trop longue. Je veux, par exemple, que vous sachiez quelle est cette femme qui fixe sur moi ses yeux alanguis; elle craint, sans doute, que je ne dévoile ses secrets.

— Que son visage est spirituel et joli! dit Édouard à M. de Tercy.

— Notez bien, mon jeune élève, qu'il importerait peu que j'arrêtasse vos regards sur les beautés physiques des individus. Je ne traite avec vous que de la laideur morale des humains, parce que vous me paraissez d'une ignorance complète sur ce point. Cette femme que vous admirez se nomme Éléonore Baldeville. On la maria de bonne heure à un homme très-pieux, qui l'obligea à remplir ses devoirs de chrétienne. Elle obéit d'abord avec répugnance, mais bientôt elle se passionna tellement pour l'église, que son mari lui reprocha sa trop grande assiduité dans ce saint lieu. Aux reproches de son époux, Éléonore répliquait toujours par ces quatre mots sacramentels : « *Je vais à confesse. Le sage, ajoutait-elle, commet sept péchés par jour; moi, je n'en commets qu'un, je suis six fois plus sage.*» Par malheur, M. Baldeville vint à connaître la nature du seul péché qu'elle commettait tous les jours avec le curé de..., à qui, par la même occasion, elle se confessait. Outré de colère, le mari outragé se dirigea vers la cure du saint homme, dans le dessein de commettre un scandale ; mais les prêtres ont horreur du scandale : ils ourdissent leurs complots dans l'ombre. *Malheur à celui par qui le scandale arrive*, a dit Jésus-Christ. Traduction libre des hommes de l'Église : *Cachons nos crimes sous notre robe noire*. Donc on éteignit la juste colère du mari avec force maximes évangéliques et force espèces monétaires ; si bien que M. Baldeville s'en retourna vaincu..., payé et content. Aujourd'hui encore, Éléonore est la maîtresse du curé de..., et la femme de M. Baldeville. On m'a raconté que depuis *sa fâcheuse aventure*, ce pauvre mari n'a jamais franchi le seuil d'une église. N'est-ce pas que madame Baldeville est une jolie femme ?...

Des diablotins dansaient une sarabande échevelée devant les yeux étonnés d'Edouard.

— Arrêtez-vous, je vous en prie, dit-il à M. de Tercy ; je sue sang et eau à écouter vos infernales histoires. Mille idées confuses se disputent mon pauvre cerveau.

— Rafraîchissez-vous, répondit le conteur à son élève ; prenez le grand air ; votre pâleur est vraiment effrayante.

Quelques rafraîchissements rendirent à Edouard toute sa raison, que les histoires de M. de Tercy avaient momentanément troublée ; il reconnut son erreur : ce n'étaient pas des diablotins qui sautaient devant lui, mais bien de charmantes femmes. Pour la première fois de la soirée, il aperçut mademoiselle Emma. Jamais elle ne s'était présentée à lui sous des dehors aussi ravissants. A sa vue, son cœur bondit dans sa poitrine comme un jeune chevreau sur l'herbe de la prairie.

— J'aurais dû vous apprendre, murmura M. de Tercy à l'oreille d'Edouard, que Théophile Gradou qui, dans cet instant, se dirige vers mademoiselle Emma pour l'inviter à la valse, est un des prétendants à sa main.

— Ce cuistre ! s'écria Edouard transporté de jalousie, en sautant d'un bond auprès de la fille de sa protectrice et l'invitant gracieusement.

Le ventre de M. Gradou arriva trop tard.

Les musiciens jouèrent un air de Strauss. Edouard, mû par une puissance inconnue, qui lui donnait un sentiment tout nouveau, entraîna la jeune fille dans le tourbillon de la valse.

Lorsque la valse fut terminée, M. de Tercy se rapprocha d'Edouard, et lui dit tout bas :

— Vous aimez mademoiselle de Valdines...

— Comment savez-vous ? demanda Edouard étonné.

— Je lis dans les cœurs, répondit Albert Rochefeuille en ricanant.

Minuit sonna ; les invités se retirèrent peu à peu, et bientôt le salon, qui tout à l'heure renfermait de si bruyantes joies, de si douces émotions d'amour, devint obscur et silencieux comme la tombe...

## Marguerite

Maintenant, remontons le cours des événements, reportons-nous à l'époque du départ d'Edouard. Marguerite, qui était tombée évanouie en apprenant que son amant l'abandonnait, se releva folle. Son extrême pâleur, sa bouche tordue, ses yeux hagards, rendaient méconnaissable sa charmante figure. Le père Ménars l'embrassait vainement en l'appelant sa chère fille, elle ne le reconnaissait pas ; au contraire, tous ses efforts tendaient à s'échapper de ses bras. Jacques et son père, aussi étonnés qu'effrayés, ne savaient quel motif attribuer ce douloureux événement. L'absence d'Edouard n'était pas une cause assez grave pour occasionner la folie de Marguerite... Tous deux, perdus dans le dédale des hypothèses, s'ingéniaient à découvrir le mystère qui couvrait cette horrible catastrophe, quand Marguerite elle-même vint les tirer d'embarras pour les plonger dans la désolation.

— Où se cache mon amant ? cria la folle, après avoir tourné autour de la chambre. Edouard, continua-t-elle, d'un ton plus doux, tu ne veux pas me quitter... Que deviendrait l'enfant que je porte en mon sein... Jacques me demande... mais il ne saura rien. S'il se doutait... Oh ! non... Prends garde à toi... Nous nous marierons bientôt... Quand donc ?

— Mon père, dit Jacques, pâle comme la mort, retirez-vous, je vous en supplie ; laissez-moi seul avec elle.

— Non, répondit le père Ménars, tremblant de colère ; j'écouterai son infâme confession jusqu'au bout avec calme, si cela m'est possible...

— Personne ne nous a vus, reprit la folle ; courons dans la vallée. Quelle nuit sombre ! j'ai peur... Tu avoueras notre secrète union à mon père, n'est-ce pas ?... J'entends le bruit de la voiture, des chevaux ; on l'emmène. Mon Dieu, je suis perdue, déshonorée !...

— Misérable fille ! s'écria le vieux soldat en levant sa canne sur la tête de Marguerite qui s'évanouit de nouveau.

Bien que de poignantes souffrances déchirassent le cœur de Jacques, aucun signe extérieur ne les trahit. Il emmena son père loin de cette triste scène, puis il revint au secours de celle qui lui avait inspiré un amour si pur et si malheureux.

Durant trois semaines à peu près, les habitants de Veuves ignorèrent la folie de Marguerite. Lorsqu'ils arrivaient à la menuiserie, on satisfaisait leur curiosité en leur disant que la jeune fille était dangereusement malade, et que le médecin avait expressément ordonné qu'elle ne reçût âme qui vive. Par malheur, Marguerite s'échappa de sa demeure, de sorte que tous les villageois surent toute la vérité. La folle alla de chaumière en chaumière révéler sa honte et sa position. Les paysans, avec leurs figures hébétées, s'amenèrent autour d'elle, puis jugèrent convenable de la reconduire en troupe chez le père Ménars.

— Vous ne savez pas ! s'écrièrent-ils tous à la fois, Marguerite donne des signes de folie. Elle demande son amant... Elle parle de son enfant.

Le vieux soldat survint.

— Ah ! s'exclama-t-il ; vous connaissez le malheur qui nous frappe. Oui, la fille que mon ami Blanchet me remit pure entre les mains a été déshonorée d'une manière infâme par le fils que je chérissais au delà de toute expression. Fils ingrat et cruel ! ton père gardait précieusement un trésor qui ne lui appartenait pas, et tu le lui as ravi en lui léguant un désespoir éternel. Puisse ma malédiction t'atteindre dans ta fuite ! Mon Dieu ! votre foudre eût été mille fois préférable à cette humiliation.

Et ce disant, le vieillard se frappait violemment la poitrine.

Les villageois s'apprêtaient à répliquer.

— Sortez à l'instant ! leur dit Jacques, en les toisant de l'œil.

— Quel homme ! nous lui rendons service, et il a l'air de nous rudoyer, murmurèrent les paysans en s'éloignant.

Tant de secousses ébranlèrent la santé du père Ménars. Ses blessures s'envenimèrent tellement qu'elles le contraignirent à s'aliter. Pauvre Jacques, ce fut alors que tu te sacrifias à ces deux êtres si chers, que tu t'oublias pour les entourer des soins que réclamait leur triste situation. Martyr ignoré, ceux qui liront ces feuilles admireront ton courage et ton abnégation.

Grâce à Jacques et à la science du médecin, l'état de Marguerite s'améliorait sensiblement. Sa folie s'atténuait de plus en plus. Sa raison devint bientôt assez lucide pour qu'elle écrivît deux lettres à l'infidèle Edouard. Nous en avons transcrit quelques parties.

FRAGMENTS DE LA PREMIÈRE LETTRE

### *Marguerite à Edouard*

. . . . . . . Je t'aimais saintement, Edouard, c'est pourquoi je n'eus pas la force de te résister. Un éclair de bonheur illumina ma vie ; mais devais-tu sitôt verser du poison dans la coupe embaumée ? devais-tu donc changer cet hymne d'amour que j'adressais au ciel en un gémissement **douloureux**, en une plainte amère? Quel sentiment cruel t'a décidé à me trahir? . . . . . . . . . . . . . . . . . . . . . .

. . . . . Depuis ton départ, le malheur n'a pas quitté notre maison. J'ai été folle. Tu vas t'en étonner. Crois-tu que la première déception en amour ne porte pas un coup dangereux au cœur d'une femme? Mon père est très-malade. Nous pleurons tous. Oh! Edouard, songe que tu peux essuyer ces larmes... Reviens parmi nous, ramène le sourire sur nos lèvres. Tu seras béni de Dieu. . . . . . . . . . .

. . . . . . . . . . . . . . . . . . . . . . . . .

FRAGMENTS DE LA DEUXIÈME LETTRE

*Marguerite à Édouard*

L'étoile à qui j'avais confié toutes mes espérances et mes rêves d'amour a disparu du ciel, qui reste sourd à mes prières. Voici le gouffre béant des tortures... O destinée impitoyable! Est-ce Dieu lui-même qui a jeté sur ma vie cet arrêt fatal : Femme! tu te consumeras à aimer un être qui te dédaignera, qui rira de tes cris déchirants... Mère! ton fils n'aura pas de nom... Ton opprobre retombera sur lui. Surchargé du mépris des hommes, il te demandera à son tour où est son père! tu lui répondras : je l'ignore... et il te maudira! . .

. . . . . . . . . . . . . . . . . . . . . . . . .

C'est la dernière fois que je t'écris. Puisque ton cœur ne s'attendrit pas, je me résigne à souffrir silencieusement. Ton père t'a maudit, je me contente de te plaindre. Rappelle-toi bien, Edouard, que le bonheur s'éloigne toujours du criminel. Adieu. MARGUERITE. »

Ces deux lettres n'obtinrent aucune réponse.

La maladie du père Ménars avait épuisé les petites ressources de la maison. Par un funeste hasard, l'ouvrage manqua complétement à la menuiserie. Jacques s'en étonna, car, jusque-là, son père et lui n'avaient cessé d'être occupés. Voici quelle était la véritable cause de ce chômage imprévu. Certains habitants de Veuves prétendirent que le vieux soldat n'avait pas veillé sur Marguerite, qu'il s'était même prêté à son déshonneur! Comme la calomnie n'est jamais mal accueillie, ces lâches et perfides insinuations trouvèrent de l'écho dans le village entier. Dès lors on ne porta plus rien à la menuiserie du père Ménars, indignement calomnié. Si les candides villageois sont vertueux, en revanche ils ont tous les défauts de leur vertu. Ne criez pas au paradoxe. Jugez plutôt. Le déshonneur d'un particulier ou d'une famille constitue une véritable bonne fortune pour les villes de province. Un scandale exerce les caquetages des babillards et babillardes, qui pullulent dans les petits endroits. On détourne l'attention de sa conduite en la dirigeant sur celle des autres. Comme ils sont impitoyables pour ceux qui tombent, ces méchants sots qui restent debout! Voilà pourtant ce qu'on nomme des gens vertueux. O douce vertu de Fénelon, as-tu donc déserté notre globe détraqué!

Un jour, le père Ménars appela Jacques et Marguerite auprès de lui.

— Mes enfants, leur dit-il, je sens que je suis prêt d'expirer. Ne vous affligez pas; on doit accepter de bonne grâce ce que Dieu nous envoie. Jacques, mon fils, que je n'ai jamais assez aimé, je te lègue tous mes biens (le pauvre vieillard croyait posséder quelque chose). Marguerite, donne-moi ta main; que je meure dans les bras de ceux qui ne m'ont pas abandonné.

— Et mon frère? murmura Jacques d'une voix suppliante.

— Je lui pardonne, répondit faiblement le moribond. Jacques, dis-lui seulement qu'il a hâté la mort de son vieux père. Nous nous reverrons là-haut, mes enfants, avec l'Empereur...

Marguerite arrosait de larmes les mains débiles de son père adoptif.

Le vieux soldat, après avoir reçu les sacrements de l'Église, expira doucement entre les bras de ses enfants.

Aucun habitant de Veuves ne suivit le corbillard du père Ménars. Son fils l'accompagna seul au cimetière.

A quelque temps de là, Jacques prit une ferme résolution.

— Ecoute, dit-il à Marguerite; nous ne cessons de souffrir sous ce toit de deuil, parce qu'il nous rappelle notre vieux père. Nous sommes méprisés par ces sots villageois; pas un n'a suivi mon père à sa dernière demeure. Ils me détestent, je ne sais pourquoi, et c'est à peine s'ils me donnent du travail. Quittons ce pays.

— Où irons-nous? demanda aussitôt Marguerite.

— Nous irons à Paris. Qui sait! Edouard n'a peut-être pas reçu nos lettres. En te revoyant, Marguerite, il tombera à tes genoux et te demandera pardon. C'est cela... Je veux te rendre heureuse, ma Marguerite, que j'aime... comme ma sœur...

— Mais nous sommes dénués de tout, objecta faiblement Marguerite.

— Tu ignores que j'ai vendu assez de meubles pour nous procurer une petite somme. Nous irons à pied... Tu marcheras appuyée sur mon bras... Comme cela, tiens. C'est décidé, n'est-ce pas?

— Oui, mon ange gardien, répondit Marguerite au comble de la joie.

Une heure après ce doux entretien, nos jeunes gens, vivement stimulés par l'espérance, marchaient gaiement sur la route de Paris.

**La Course à la Dot**

Edouard, quoique doué d'une âme ardente, avait toujours éprouvé une certaine répulsion pour le mal; mais les conseils et les exemples pernicieux de M. de Tercy venaient d'effacer dans le cœur du jeune homme jusqu'à l'empreinte même de la vertu. Ainsi formé, il crut avoir des prétextes assez plausibles pour délaisser tout à fait Marguerite et son vieux père, à la seule fin de se consacrer tout entier à son ambition. L'effet produit par les deux lettres sentimentales de son amante avait été complétement annulé par le cynique raisonnement de son précepteur. Cependant Edouard eût été infailliblement perdu dans l'esprit de sa protectrice, si un de ces heureux hasards qui protégent momentanément les hommes coupables ne l'eût sauvé. Il montait chez madame de Valdines, quand un domestique l'appela et lui remit une lettre pour elle. En jetant par hasard les yeux sur la suscription de la missive, Edouard reconnut l'écriture de son frère. Qu'a-t-il à dire à madame de Valdines? se demanda-t-il. Après beaucoup d'hésitations, il regagna sa chambre, et là, tremblant comme la feuille agitée par le vent, il rompit le cachet de la lettre. Jacques apprenait à madame de Valdines la mort du père Ménars. A cette lecture, deux larmes glissèrent sur les joues d'Edouard; son cœur avait été pris à l'improviste. Jacques terminait sa lettre en révélant à madame de Valdines que son frère avait déshonoré Marguerite, la suppliant de ne pas garder plus longtemps un jeune homme qui, dans le dessein bien arrêté de trahir ses devoirs, était venu chercher un refuge chez elle. Loin que le souvenir de sa faute agitât l'âme d'Edouard, il déchira de colère le papier dénonciateur en s'écriant : *Le danger n'existe plus!* Puis il se rendit chez madame de Valdines, et lui conta que son frère venait de l'informer par une lettre de la mort de son vieux père.

M. de Tercy, qui avait vu notre ambitieux se passionner subitement pour mademoiselle Emma, l'engagea à courtiser la fille de sa protectrice. Il n'oublia pas d'aiguillonner Edouard par l'appât d'une belle dot. « Songez, lui dit-il, que votre place au ministère et un mariage d'argent constitueraient une solide position. Vous réussirez certainement, car l'amour et l'ambition ont toujours atteint leur but en réunissant leurs forces et leur courage. » Edouard, qui applaudit à l'argumentation de M. de Tercy, se mit en devoir de réaliser sa prédiction. Complaisances, amabilités, sacrifices, rien ne lui coûta pour obtenir la bienveillance d'Emma. Il l'obtint; mais de la bienveillance à l'amour, il y a une énorme distance.

Trois prétendus amoureux convoitaient la dot de mademoiselle de Valdines, savoir : Théophile Gradou, Maximilien Bertade et un notaire qui pourchassait une dot dans la louable intention de payer son étude. Il fallait donc qu'Edouard terrassât ces trois rivaux, très-dangereux du reste, car ils offraient une position en compensation d'une dot, tandis que notre héros n'offrait rien... que sa personne. Il soumit la difficulté à son mentor, à celui qui avait commencé à le diriger sur la scène du monde. «En faisant votre profit, en vous servant adroitement des renseignements que je vous ai donnés, lui répondit M. de Tercy, vous devenez le maître absolu de MM. Théophile Gradou et Maximilien Bertade; quant au notaire aux abois, je m'en charge; si nul secret de sa vie ne me le livre, je l'enverrai chez Pluton par le chemin le plus court. Ainsi, mon élève, marchez sans crainte et sans souci de l'avenir. »

Un certain jour qu'Edouard entrait tout rayonnant dans le boudoir de son adorée, il vit Théophile Gradon humblement prosterné devant mademoiselle Emma. Assez offusqué de cette rencontre imprévue, il essaya néanmoins de dissimuler sa contrariété sous un air de raillerie.

M. Théophile Gradou improvisait dans cette position des vers qu'il avait pillés dans un recueil de pièces fugitives.

— Que je ne vous dérange pas, dit Edouard à l'auteur agenouillé devant sa muse; cette position vous sied à merveille.

— Je ne vous demande pas votre approbation, grogna Théophile Gradou, en soufflant comme un bœuf pour se relever.

— Je sais que vous réclamiez avec instance celle de mademoiselle, répondit Edouard, en lançant un coup d'œil significatif à Emma. L'une n'empêche pas l'autre; croyez à mon profond regret d'avoir interrompu votre verve, d'ordinaire intarissable; vous improvisiez là de beaux vers : *Un amant doit mourir à vos genoux.* Attendez donc, je me rappelle... oui, j'ai lu ces vers quelque part.

Quoique l'accusation du railleur fût lancée à tout hasard, elle interdit M. Théophile Gradou, qui devint de la couleur du homard.

— Comment? dit mademoiselle Emma à M. Gradou, vous venez dans mon boudoir, vous tombez à genoux, et cela tout exprès pour me réciter des vers qui ne vous appartiennent pas; debout, votre position eût été moins gênante, et je les aurais mieux entendus.

— Monsieur le persifleur se trompe, répliqua Gradon. Il se peut qu'un autre auteur m'ait servilement copié; mais je déclare que ce madrigal est ma propriété exclusive.

— Votre madrigal n'a pas été copié, puisqu'il n'a pas reçu les honneurs de l'impression... Ne l'improvisiez-vous pas?

Le Gradou s'enlumina de plus en plus.

— Comprenez-moi donc, objecta-t-il, à bout de ressources; il y a une communauté de pensée entre tel auteur et moi, ou plutôt cet auteur m'a volé par anticipation, et comme l'a dit un célèbre homme d'esprit : *On prend son bien partout où on le trouve.*

— Voilà un raisonnement de voleur, conséquemment très-propre à justifier tous les larcins. Il paraît que cette maxime ne manque pas d'être mise en pratique par certains littérateurs, qui éditent l'esprit des autres.

— Monsieur! grommela le Gradou, en se retranchant dans sa dignité de sot.

— A propos, dit Edouard, j'oubliais de vous conter qu'hier je rencontrai un de vos ennemis, M. Cancer.

— Cancer, mon ennemi acharné! s'écria Théophile Gradou.

— Il me confia qu'il allait publier un nouvel ouvrage, ayant pour titre : *Confessions de Théophile Gradou.* D'après lui, dans vos *Confessions*, vous donnerez la nomenclature exacte des auteurs que vous avez servilement copiés ou qui vous ont volé par anticipation. En tête de chaque chapitre, vous mettrez : *Pages de tel auteur, salies par moi, Théophile Gradou.*

— Quelle odieuse machination! s'écria le Gradou atterré; comment échapper à ce péril, mon Dieu!

— Prévenez Cancer, répondit Edouard; dénoncez-le à l'opinion publique; il doit bien avoir aussi quelque peccadille à se reprocher. Qui n'en a pas?

— Oui, vous avez raison... Mon Dieu! mademoiselle, pardonnez-moi... je n'ai pas terminé ma propriété exclusive... mon madrigal, veux-je dire... une autre fois... Adieu... Quelle infâme machination! Ah! j'oublie mon chapeau...

Edouard reconduisit Théophile Gradou. Quand ils furent seuls, il lui avoua sa supercherie, le menaçant néanmoins de publier ses *Confessions* sur le plan indiqué, s'il ne renonçait à mademoiselle Emma. Gradou, heureux de s'en tirer à si bon marché, jura qu'il ne franchirait jamais le seuil de la maison dont il sortait.

— Et d'un! s'exclama joyeusement Edouard, en se dirigeant de nouveau vers le boudoir de mademoiselle Emma, où il rencontra une nouvelle figure, plus spirituelle que la première. C'était M. Bertade, qui terminait une chaleureuse déclaration à la dot qu'il désirait posséder.

— Jouons serré avec celui-là, se dit notre héros, quoique ce soit le *meilleur enfant du monde.*

Les deux jeunes gens se saluèrent réciproquement. Edouard s'excusa de sa visite inopportune; il proposa même de se retirer, mais M. Bertade, en homme bien élevé, ne le souffrit pas. On passa en revue les nouvelles du jour.

— Depuis six mois, observa Edouard, les empoisonnements deviennent très-fréquents.

M. Bertade pâlit à l'audition de ce mot *empoisonnement.*

— A l'aide du poison, continua Edouard, le mari se débarrasse aisément de sa femme, la femme de son mari, le fils même de son père! J'ai lu dans le journal que M. Bépaud, soupçonné de mort violente, avait été déterré ces jours derniers, et que les médecins avaient découvert dans l'intérieur de son corps des traces d'un poison très-actif.

Les dents du faux Bertade s'entre-choquaient bruyamment.

— Qu'éprouvez-vous, monsieur? lui demanda mademoiselle Emma.

— Un petit malaise, répondit Bertade; mais achevez, dit-il à Edouard.

— Dès que les médecins eurent affirmé que le poison avait tué M. Bépaud, la rumeur publique accusa son fils, qui, aussitôt après la mort de son père, s'était enfui à Paris pour y manger sûrement l'héritage qui était le fruit de son crime.

— C'est faux! s'écria Bertade avec colère.

— Qu'en savez-vous? lui répliqua Edouard.

— Un enfant! assassiner l'homme qui a donné le jour, qui l'a élevé, qui l'a nourri de ses sueurs et de ses fatigues!... Oh! la nature humaine peut-elle pousser jusqu'à ce point la perversité! Tout à l'heure mon indignation a éclaté à la pensée d'un tel fait! c'est pourquoi je me suis involontairement écrié : c'est faux! Mais... mais le journal n'ajoute-t-il pas autre chose?

— La justice informe, répondit Edouard. On écrit que le coupable a changé de nom, qu'il a pris le nom de Be... Ber... ce diable de nom m'échappe ; que, pour dépister les poursuites dirigées contre lui, il s'est introduit dans deux ou trois salons aristocratiques de la capitale. Bref, on finit par engager les personnes qui auraient entendu nommer ce Ber... à dénoncer au plus tôt à la justice l'assassin qui se couvre de ce pseudonyme.

— Mademoiselle Emma... Monsieur... balbutia Bertade... veuillez m'excuser... une indisposition subite... Joseph Bépaud chancelait en marchant. Il gagna la porte avec une extrême difficulté.

— Que signifie tout ceci? demanda mademoiselle Emma. Je ne comprends rien à cette nouvelle manière de se débarrasser de ses... rivaux

— Chère Emma, dit Edouard, ne supposez pas qu'il y ait ici une simple question de rivalité. Le repos de votre vie en dépendait; devais-je hésiter un seul instant à signaler ces misérables à votre haine?

Comment? M. Théophile Gradou?... M. Bertade?...

— Plagiaire et assassin, sot et coquin! voilà les hommes qui osaient prétendre à votre main.

—Edouard, je puis donc vous appeler mon sauveur, et sans vous...

— Non, interrompit Edouard en se jetant à son tour aux genoux d'Emma, je n'ambitionne que le titre de votre amant le plus sincère et le plus dévoué. A vos pieds, je vous jure que je bénirais mille fois mon existence, s'il m'était donné de la passer avec vous, chère Emma, que j'aime d'un amour sans égal.

L'amoureux imprima un ardent baiser sur une jolie main que mademoiselle Emma avait laissée négligemment tomber.

— Edouard, dit Emma, doucement émue, je ne mets, pour ma part, aucune opposition à vos vœux. Je me soumettrai à la volonté de ma mère.

—Edouard se retira transporté de joie. Et de deux, pensa-t-il. Maintenant, il n'y a que le troisième qui me porte ombrage, mais c'est le plus fort...

— Et de trois! dit une voix bien connue.

— Deux de nos ennemis ont pris la fuite! cria le jeune homme du plus loin qu'il aperçut M. de Tercy.

— Et le troisième, répondit M. de Tercy, a pris son vol aux enfers.

— Quoi! le notaire? M. Génoy?...

— M. Génoy a été tué d'un coup d'épée par moi, ici présent. Une! deux! je vous enseignerai ce coup-là, jeune homme.

— Ce pauvre diable, vous l'avez tué!

— Mon Dieu oui, je l'ai délivré du fardeau de la vie. Ah! je vais de ce pas rendre visite à madame de Valdines; je vais lui soumettre un projet que vous connaîtrez, s'il est approuvé toutefois.

Ce jour-là madame de Valdines s'était levée joyeuse; elle avait chassé toute mélancolie de son esprit. Contre son habitude même, elle chantait un air de Rossini au moment où M. de Tercy entra.

— Bonjour, chère madame, dit M. de Tercy en se présentant. Je suis indiscret, n'est-ce pas? je vous surprend dans une folle gaieté. Chantez, ma foi! le chant égaye l'âme.

— Vous parlez comme un poète aujourd'hui, monsieur de Tercy. D'où vous vient ce surcroît de sentiment?

— D'un beau projet qui chante aussi dans mon cerveau, et je désirerais qu'il parvînt à votre oreille.

— Je vous écoute.

— Madame de Valdines!

— Monsieur de Tercy?

— Je dois vous déclarer, sans nul retard, que deux pigeons roucoulent tendrement sous votre toit; que vous commettriez une faute grave, une inhumanité en les séparant. Unissez-les, et ils ne se lasseront de chanter vos louanges et celles de votre humble serviteur. Je vous le dis, en vérité, ne cherchez pas à désunir ce qui est uni...

— Ah! ah! quel style pastoral et évangélique! Mon cher monsieur de Tercy, expliquez-vous plus clairement ou je quitte la place.

— Vous ne m'avez pas compris. Comment, vous ignorez qu'Edouard et Emma s'aiment passionnément, et qu'ils ont juré de s'appartenir?

— Je n'ignore rien. Emma m'a confessé sa prédilection pour Edouard. Nous attendrons... Je crains que ce ne soit un caprice de jeune fille. Il ne faut pas jouer avec le feu, à plus forte raison avec le mariage.

C'est convenu. Mais je ne vous ai confié que la moitié de mon projet; l'autre moitié nous concerne tout particulièrement.

— Qu'est-ce à dire?

— Que deux contrats pourraient se signer en même temps, si telle était la volonté de ma souveraine.

— Y pensez-vous, monsieur de Tercy! à mon âge, me marier! Mon cœur a trop vieilli.

— Le cœur ne vieillit jamais, et encore moins l'esprit. Vous en êtes une preuve convaincante, madame de Valdines. Franchement, votre veuvage ne vous pèse-t-il pas?

— Le veuvage est un agréable repos après le mariage.

— Je vous réplique que le mariage semble doux après le veuvage. Au reste, ne sommes-nous déjà pas unis par le caractère? Pourquoi ne consommerions-nous pas ce mariage? Où en est l'obstacle? je ne le vois pas.

— Votre cerveau enfante parfois des idées extrêmement bouffonnes, monsieur de Tercy. Eh bien! jugez de mon originalité, je ne vous dis pas non...

— Allons, allons, nous signerons les deux contrats le même jour...

### Demain !...

M. de Tercy se montra persévérant et infatigable; chaque jour il s'occupa à lever les difficultés, à aplanir les obstacles qui s'opposaient au mariage d'Edouard et de la fille de madame de Valdines. Son activité fut enfin couronnée d'un plein succès. Un beau matin, on le chargea de prévenir le notaire, afin qu'il préparât deux contrats pour le lendemain. De plus, madame de Valdines ayant reçu la nomination d'Edouard pour son emploi au ministère des finances, M. de Tercy porta cette heureuse nouvelle à son élève. Edouard croyait rêver, tant la joie l'exaltait.

— Demain, répétait-il, demain, tu couronneras tous mes désirs!

L'ambitieux triomphait déjà; dans son ivresse, il semblait défier le malheur de l'atteindre. Humains, vous roulez toujours ainsi de beaux desseins dans votre tête mal organisée. Vous ne prenez jamais le temps de vivre. L'avenir vous enivre de ses promesses éclatantes. Quel agréable poison que l'espérance!... Demain! cent bouches mignonnes doivent chanter les vers du poète; demain! l'amant pressera dans ses bras sa voluptueuse maîtresse; demain! le prince recevra sa glorieuse couronne... Mais le lendemain, poète, amant et roi dorment à jamais cloués dans leur cercueil!

Ce fameux jour arriva enfin... Edouard, mollement étendu dans un fauteuil, jouissait de la douce perspective de son avenir, quand un spectre se dressa tout à coup devant son bonheur.

C'était Marguerite.

— L'enfer, s'écria Edouard, l'enfer m'envoie cette horrible vision!

— Tu n'attendais pas Marguerite, à ce qu'il paraît...

— Marguerite! toi dans cette maison... Qui t'a engagée à quitter Veuves? Pourquoi ne m'as-tu pas prévenu de ton départ? Qu'espères-tu donc? explique-toi de suite.

La colère et l'abattement se partageaient tour à tour Edouard.

— Pauvre fille méprisée, répondit Marguerite, je n'ai jamais pu croire à une trahison de celui qui m'a juré un amour éternel. Oh! non, pensais-je, Edouard n'a pas foulé aux pieds toute délicatesse et tout honneur; il ne me délaissera pas ainsi; il donnera un nom et du pain à l'enfant qui lui appartient, et il aura pitié de la mère...

Ce disant, Marguerite s'était agenouillée devant Edouard en pleurant.

— Marguerite, répondit le jeune homme contrarié, relève-toi. A quoi servent toutes ces jérémiades, je te le demande.

— Ma crédulité, continua Marguerite, me montrait des obstacles imaginaires qui justifiaient le silence que tu gardais envers moi. Après avoir prié Dieu, je me décidai à partir, presque persuadée que tu me reverrais avec joie; mais, hélas! mon espoir s'évanouit à la désagréable surprise que te cause mon arrivée. Quelle faute ai-je donc commise, Edouard? Est-ce parce que mon ignorance m'a jetée sans défense dans tes bras, que tu ne trouves pas un mot agréable à me répondre, que tu me regardes avec colère. Mon Dieu! méritais-je un pareil châtiment?

Edouard calcula que la ruse seule le tirerait de ce fâcheux embarras.

Détrompe-toi, dit-il à Marguerite éplorée, si tu t'imagines que j'ai le coupable dessein de te trahir. Douce enfant, je ne commettrai jamais un si grand crime. Aie confiance en moi comme en ton Dieu... Je t'apprendrai, dans un autre moment, la cause qui m'a empêché de t'écrire. La joie succédera à ton étonnement, lorsque ce mystère sera éclairci pour toi. Mais j'entends du bruit... On vient... Marguerite, retire-toi dans cette chambre... Je t'en retirerai tout à l'heure. Plus tard, tu sauras tout.

Edouard fit entrer Marguerite dans une petite chambre attenante au salon, et ferma la porte sur elle. Un peu rassuré, il maîtrisa son émotion et se prépara à recevoir le nouveau venu. M. de Tercy entra.

— Vous semblez agité, dit-il à Edouard. Un nuage glisserait-il sur notre félicité? Apprenez-moi ce qui se passe.

— La subite arrivée d'une personne a failli renverser tout à l'heure l'échafaudage de nos projets. Le danger nous menace encore.

— Le nom de l'audacieuse?

— Marguerite.

— Marguerite! terre et ciel! votre ancienne maîtresse tombe précisément, comme dans les comédies, le jour même où nous allons nous marier; ceci dépasse le badinage. Il nous faut absolument remédier à ce grave inconvénient. Où est cette Marguerite, qui n'aurait pas dû quitter sa prairie?

— Je l'ai enfermée là, dans cette chambre, lorsque je vous ai entendu venir... Je craignais que ce fût madame de Valdines.

— Elle ne peut rester dans cet endroit. Si elle criait, nous serions perdus... Heureusement que madame de Valdines et sa fille sont sorties. Voyons, imaginons un moyen expéditif pour nous débarrasser de cette demoiselle Marguerite.

— Je cherche inutilement.

— Et moi, j'ai trouvé l'expédient. J'enlève Marguerite!

— Que dites-vous? Vous formez le dessein d'employer la force? Je repousse ce moyen.

— Votre esprit inventif vous en fournit-il un autre? je le suivrai; autrement, j'exécute mon projet. Quoi! vous reculez devant un enlèvement? Ignorez-vous qu'il s'agit maintenant de votre place, de votre mariage, de votre avenir enfin? Consentiriez-vous à abdiquer toutes vos prétentions?

— Oh! non, plutôt mourir.

— Cette résolution vous honore; d'ailleurs je vous assure que je respecterai votre Marguerite.

— C'est bien. Mais de quelle manière vous y prendrez-vous?

— Vous n'avez pas exercé votre imagination, jeune homme. Baptiste! cria M. de Tercy.

Le domestique arriva de suite.

— Baptiste, dit M. Tercy, aimes-tu l'argent?

— Dam! monsieur, répondit le domestique, ordinairement on ne déteste pas ce métal-là.

— Veux-tu en gagner?

— De grand cœur.

— Il s'agirait..... d'enlever une jeune fille.

— Oh! non, monsieur; mon honnêteté en souffrirait. J'aime l'argent, mais je préfère encore mon honneur.

— Ah! ah! s'exclama en riant M. de Tercy, tu as une vertu de dévote; il faut qu'on te paye cher. Je comprends ce langage-là, mon ami. La vertu se cote à tous les prix. Tiens, gredin, voici dix louis, obéis-moi en esclave.

— A votre volonté, monseigneur, répondit Baptiste en serrant précieusement les louis dans sa poche.

— Ecoute-moi, dit M. Tercy au domestique: tu vas préparer l'équipage de madame de Valdines, et, aussitôt après, tu reviendras me rejoindre ici, où nous nous saisirons de l'objet précieux... Alerte!

Le vertueux Baptiste sortit en courant. M. de Tercy se frottait les mains de joie. Il pensait que Marguerite, qui l'avait dédaigné, allait appartenir corps et âme à sa vengeance.

— Ne craignez rien, dit-il à Edouard; ce soir vous épouserez la riche dot de mademoiselle Emma.

— Les chevaux sont attelés à la voiture, dit Baptiste à M. de Tercy.

— A merveille, répondit celui-ci. Baptiste, vous ferez galoper les chevaux ventre à terre jusqu'à ma demeure. Au reste, je vous accompagnerai. Ah! procurez-moi un long voile noir.

— A quel usage le destinez-vous? demanda Edouard.

— Peu vous importe, répliqua M. de Tercy avec colère.

— Tenez, monsieur, dit Baptiste, en voici un.

— Maintenant, Edouard, ouvrez la porte de cette chambre. Vous vous placerez devant Marguerite lorsqu'elle sortira; en sorte que, masquée par vous et la porte, elle ne puisse nous apercevoir...

Edouard hésita. Il se soumettait difficilement à l'exécution d'un tel projet.

— Seriez-vous un lâche, Edouard Ménars? souffla M. de Tercy à l'oreille du jeune homme indécis.

Edouard, piqué au vif, bondit de fureur. Il se précipita sur la porte, et l'ouvrit en appelant Marguerite.

La jeune fille se présenta sans défiance. Aussitôt qu'elle parut, M. de Tercy jeta sur elle le voile noir, qui lui enveloppa toute la tête. Marguerite se débattit entre les bras de ses ravisseurs en jetant des cris étouffés, mais sa résistance fut de courte durée. M. de Tercy s'empara de sa tête, Baptiste se saisit de ses pieds, et Edouard ouvrit la porte dérobée.

En ce moment on entendit un bruit qui annonçait que des hommes luttaient corps à corps, puis Jacques se présenta aux ravisseurs effrayés. A la vue de cet horrible tableau, Jacques sentit décupler ses forces, tandis que les infâmes ployaient sous les résistances désespérées de la jeune fille. Rugissant comme un lion, Jacques se jeta sur eux, combattit avec acharnement et retira Marguerite de leurs griffes. C'était une belle scène à voir! D'un côté, M. de Tercy, semblable à un tigre à qui l'on a ravi sa proie, se déchirait la poitrine; de l'autre, Jacques tenait Marguerite enlacée dans ses bras et défiait ses trois adversaires d'approcher celle qu'il défendait avec tant de courage.

Arrivé à Paris, Jacques avait promis à Marguerite de la conduire chez madame de Valdines; mais la jeune fille, impatiente de revoir son amant, s'était rendue seule à la demeure d'Edouard. Jacques, inquiet, était accouru la demander aux domestiques, qui lui avaient refusé l'entrée du salon; mais, comme nous l'avons vu, le menuisier avait méprisé leur défense et les avait terrassés l'un après l'autre.

La surprise de chaque personnage qui composait la scène que nous venons de rapporter avait succédé à l'émotion. Les deux frères s'envisagèrent alors. Edouard baissa la tête sous le coup d'œil foudroyant de Jacques.

— Misérables! dit Jacques, vous aviez résolu de ravir l'honneur à cette pauvre fille. Mon Dieu! je vous remercie de m'avoir amené ici pour m'opposer à ce crime. Ainsi, Edouard, tu prêtais les mains à cette infamie!

— Je ne vous connais pas, monsieur, répondit Edouard, partant je n'ai aucun compte à vous rendre. Réservez vos remontrances pour un autre que moi.

— Le frère, répliqua Jacques, qui ne s'est jamais écarté de son devoir, a droit, ce me semble, d'adresser des reproches au frère qui, non content de déshonorer son père, un vieux soldat, qui jusque-là avait su conserver son nom intact de toute souillure, se rend encore coupable d'une nouvelle honte qui rejaillit sur sa famille. Allez à Veuves, monsieur, allez-y; on vous dira que les Ménars, qu'on croyait autrefois honnêtes gens, ne sont que des misérables. C'est vous, monsieur, qui nous avez chassés, Marguerite et moi, du pays où l'on insulte les Ménars; c'est vous qui avez conduit au tombeau votre vieux père, qui vous a maudit à son lit de mort; c'est vous, enfin, qui repoussez cette femme que vous avez rendue mère, et contre laquelle vous avez tramé un affreux complot. Monsieur, vous marchez dans le chemin du crime; vous êtes un infâme!...

— Tant d'insultes me transportent, s'écria Edouard frémissant de rage. Tiens, Jacques, prends ce poignard et frappe-m'en, mais ne m'outrage pas, car je ne réponds plus de moi. Juge impitoyable, connais-tu toutes les tentations que j'ai subies avant de succomber? Combien de fois n'ai-je pas envié, dans le trouble de mes passions, ton calme dans la vertu!

— Edouard, ton âme n'est pas encore perdue, car tu es sensible à l'injure. Oh ! je t'en prie, épouse Marguerite qui t'implore à genoux. Efface toutes tes fautes par cet acte de vertu. Je redeviendrai ton frère bien-aimé. Edouard, reviens à nous.

— Je ne puis... balbutia Edouard confus.

En cet instant, madame de Valdines et sa fille se présentèrent. Emma était extrêmement pâle.

— Edouard, dit sévèrement madame de Valdines, j'ai entendu les justes reproches que votre frère vous a adressés. Vous avez payé mes bienfaits par la plus noire ingratitude ; je vous chasse de ma maison.

Edouard ne répondit rien.

— Monsieur de Tercy, continua madame de Valdines, je viens de voir à l'instant M. Halbeau, *votre intime ami*, qui a eu l'indiscrétion de me donner quelques renseignements sur votre compte. Vous savez probablement ce que je veux dire.

— Oui, madame, répondit M. Tercy. Invincible fatalité ! murmura-t-il.

— Edouard, dit Jacques, tu reviendras avec nous, n'est-ce pas ?

— Avec vous ? s'écria le jeune homme indigné, jamais !

— Sortons, lui dit M. de Tercy, il ne nous reste plus rien à faire ici. Au jour de la vengeance, vous entendrez tous parler d'Albert Rochefeuille !

Après cette indigne menace, qui effraya ceux qui l'entendirent, M. de Tercy sortit avec Edouard. Marguerite se jeta en sanglotant aux pieds de madame de Valdines, et Jacques tomba dans un fauteuil, accablé par le désespoir.

### Déception

L'homme s'attache aux chimères de la vie, gracieux papillons qui s'enfuient capricieusement devant lui, en raison des fatigues qu'il se donne à les poursuivre. Prêt d'atteindre au but tant désiré, tombe-t-il en route, le désespoir s'empare alors de son imagination exaltée ; il verse des larmes de sang ; il maudit la *cause inconnue* de ses souffrances ; il se vautre en quelque sorte dans une impuissante rage. Le vautour de Prométhée dévore son cœur. — Parmi les coquettes raffinées qui singent la vertu pour un bon mariage ; — parmi les ambitieux politiques qui magnétisent impudemment par leurs mensonges les pauvres électeurs ; — parmi les flatteurs qui se traînent aux pieds de toutes les sommités ; — parmi les critiques qui versent des flots d'une encre aussi noire que leur âme, afin de s'élever sur les débris des hommes de génie ; — il y en a, Dieu soit loué ! qui tombent en chemin. Malheur à vous, si vous rencontrez ces gens-là sur votre passage ; ils vous dépouilleront de vos trésors d'amour et d'illusion ; ils vous arracheront les plus belles plumes de vos luisantes ailes ; vous ne sortirez de leurs mains qu'en leur laissant quelque partie de votre être. Leur pensée maudite s'infiltrera dans la vôtre et lui communiquera son mortel venin. Craignez, craignez les vents impétueux du désert.

Edouard faillit devenir fou. L'amère déception qu'il avait éprouvée ébranla fortement son cerveau. Cruelle dérision ! il comptait sur une brillante position, et non-seulement toute position était perdue pour lui, mais il se retirait encore couvert de honte : on l'avait ignominieusement chassé du toit protecteur. En proie à un affreux délire, tantôt il riait du malheur qui d'un coup d'aile avait détruit le frêle échafaudage de ses projets ; tantôt il pleurait sur la perte de ses illusions. En effet, il marchait résolûment vers l'avenir, en levant ses regards au ciel ; mais un nuage immense avait couvert tout à coup le soleil, et un abîme s'était ouvert sous ses pas. Edouard n'entrevoyait pas même une lueur d'espoir dans cette nuit profonde qui l'entourait de toutes parts. Il songea au suicide. On a maintes fois discuté pour savoir si l'homme commet un crime en abrégeant sa vie : les uns prétendent que, lorsque le fardeau pèse trop sur leurs faibles épaules, ils ont bien le droit de le

rejeter ; les autres soutiennent que vous devez supporter patiemment les maux qu'il plaît à Dieu de vous envoyer. Certains prennent un milieu ; ils effeuillent leur vie dans de continuelles débauches... Très-bien ! mais, en définitive, a-t-on le droit de se suicider ? Je satisferai votre curiosité quand vous m'aurez appris : — de quel droit le plus fort dépouille le plus faible ; — de quel droit la société laisse mourir de faim les Malfilâtre et les Hégésippe Moreau ; — de quel droit les prêtres se gorgent des richesses de toutes les nations, sous le fallacieux prétexte d'enseigner une morale qu'ils ne pratiquent pas ; — de quel droit les imposteurs sont partout accueillis et vénérés ; — de quel droit les hommes qui se vantent de posséder la raison se servent de l'épée pour massacrer leurs frères ; — de quel droit le peuple gémit dans la misère, tandis que les ambitieux l'exploitent et que les riches se moquent de ses souffrances ; — de quel droit ?... Je m'arrête, parce que je n'ai pas le droit d'ennuyer mes lecteurs. En résumé, quoique Edouard n'eût aucun scrupule religieux, il rejeta le triste expédient du suicide, et, après quelques minutes de réflexion, il s'écria douloureusement :

— Que devenir ? que faire ?

— Combattre !

— Votre vue m'échappe. Faut-il donc rendre la société responsable de nos malheurs ?

— Écoutez, mon jeune ami, dit M. de Tercy, la société ressemble à une marâtre ; elle n'accorde que ce qu'on lui arrache. N'allez pas lui exposer humblement votre misère, vos souffrances, vos services ; elle vous ferait chasser par ses valets. Présentez-vous, au contraire, devant elle le chapeau sur la tête et la cravache à la main. Bien loin de vous mépriser, elle s'enquerra avec complaisance de vos désirs et mettra tout en œuvre pour les satisfaire. Si, par hasard, elle refuse, frappez ! Mais comme vous paraissez abattu ! Le bouleversement de votre visage, votre prompt désespoir, indiquent assez que vous faites votre entrée dans la vie. Pour moi, il y a longtemps que je supporte les caprices et les incartades de cette maudite femme, qui s'amuse à vous picoter la chair avec des aiguilles. Du courage, mille diables !

— Si j'avais quelques ressources, répondit Edouard, le courage ne me manquerait pas ; mais l'espérance même a fui de moi. Tous mes rêves palpitants encore vont s'éteindre dans la misère et dans l'obscurité.

— Dieu se rit des humains, jeune homme ; aussi vous a-t-il brusquement retiré la coupe du bonheur, que vos lèvres brûlantes effleuraient à peine ; et vous vous désespérez pour si peu de chose ! Nous croyez-vous perdus sans recours ? Détrompez-vous. Mon courage, qui m'a servi tant de fois, triomphera des obstacles qui s'opposent à nos desseins. Chassez la désolation de votre esprit, Edouard. Vous avez en moi un véritable ami qui vous secourra toujours. Arrière donc le désespoir à la mine livide ! Voici des liqueurs qui ont la vertu d'effacer toutes les peines de la vie. Buvons et entonnons un joyeux chant !

M. de Tercy affichait une gaieté insouciante qui était loin de son cœur assurément. Ses débauches l'avaient encore une fois ruiné ; c'est pourquoi il avait si ardemment désiré la main de madame de Valdines, dont il convoitait les richesses. L'échec qu'il avait essuyé lui causa donc un très-grand préjudice. Néanmoins il ne se découragea pas, — car il savait que la ténacité est une vertu dans l'adversité. Il chercha un filon d'or d'une nouvelle mine à exploiter, un moyen qui pût changer la position critique où il se trouvait. Il tenta dame Fortune, qu'on accuse à tort d'inconstance, car elle n'abandonne jamais ses sots adeptes, mais elle ne daigna pas cette fois répondre à son pressant appel.

La vie se compose de mille et une petites misères. Il suffit qu'on attende la conclusion d'une affaire pour qu'elle ne se termine jamais. — Si vous marchez pieds nus, vous rencontrerez certainement à chaque pas des cailloux anguleux qui vous écorcheront la chair. — Un marchand compte-t-il, pour effectuer ses payements, sur un de ses confrères qui lui doit une somme importante, il apprend la faillite de son débiteur et il ne tarde pas à l'imiter. — Un mari se passionne-t-il pour sa femme, celle-ci se moque de lui avec son amant. — Tel auteur qui a une confiance aveugle dans sa pièce, la voit défigurée le soir par un troupeau d'étudiants en gaieté. — Possédez-vous tout en abondance, une foule d'importuns viennent vous assiéger de leurs offres et de leurs services. — Manquez-vous de tout, chacun se fait une gloire de vous délaisser. — Bref, je n'en finirais pas, si je voulais énumérer toutes les déceptions qui inondent les pauvres humains. Le sort se plaît à nous narguer. On dirait qu'un malin esprit dispose les événements de manière à ce qu'ils nous contrarient sans cesse. Je confesse, pour ma part, que j'ai eu la naïveté de me fier à l'avenir : vingt fois je me suis laissé enivrer par la douce espérance, et vingt fois la déception m'a déchiré les entrailles. Mes désirs — car l'âme de l'homme est toujours en proie à une certaine inquiétude qui tend au changement, — se portent-ils vers l'accomplissement de tel ou tel dessein, je ris presque de bon cœur; une bizarre idée me traverse le cerveau. — Je parierais, me dis-je, que le sort se prépare à me jouer un de ses tours habituels; cela ne manque pas. Aussi, à l'heure qu'il est, je ne compte plus sur rien, — quel que soit l'appât qu'on me présente d'ailleurs, — ni sur les jolies femmes, ni sur les *amis sincères*, ni sur la gloire, ni sur la fortune, ni même sur moi !

Edouard s'alarmait de plus en plus; l'horizon se rembrunissait d'heure en heure. Il ne voyait pas venir la misère sans un secret effroi. Déjà les objets précieux, les meubles appartenant à M. de Tercy avaient été vendus à un prix minime, et il ne restait plus rien de leur produit. M. de Tercy, à bout de ressources, avoua un beau matin à son élève qu'un cas fortuit pouvait seul les tirer de cette position embarrassante.

— Mon jeune ami, dit-il à Edouard, j'ai frappé à toutes les portes, et personne ne m'a ouvert.

— A qui vous êtes-vous adressé? demanda Edouard.

— Aux mêmes hommes et aux mêmes femmes qui m'ont aidé à dévorer ma seconde fortune; maintenant qu'ils se sont engraissés de mes dépouilles, ils me dédaignent comme inconnu. Que voulez-vous? L'ingratitude est un défaut inhérent à la nature humaine. Si pauvre que je sois, ils dépendent cependant de moi, et je vous jure que cette ingratitude ne leur portera pas profit. Vous connaîtrez plus tard le mot de cette énigme. Sachez aujourd'hui que le dieu du hasard protége ceux qui s'abandonnent gaiement à sa tutelle. Invoquons ce Dieu qui m'a servi dans plus d'une occasion, il viendra à notre secours. Il fait un temps superbe, vous plairait-il de monter à cheval?

— A cheval sur nos jambes, en attendant mieux. Ma foi, il ne nous reste plus qu'à nous promener.

Les deux infortunés se dirigèrent du côté des Tuileries. Chose qui paraîtra étrange, ils étaient presque joyeux. — On ne peut pas être joyeux quand on ne possède rien, va s'écrier fièrement un Crésus. Pauvre homme! parce que tu es couvert d'écus, tu t'imagines que celui qui n'en a pas un seul ne peut goûter la vraie félicité! Erreur, Crésus. Diogène, mendiant son pain, a vécu plus heureux que toi. Il marchait librement, celui-là, avec son bissac sur le dos, sans qu'une femme ou un ami s'avisât de lui réclamer, l'une les bras, l'autre les jambes, sans qu'un héritier attendît sa mort; seulement, quand mon Diogène, assis au bord d'un clair ruisseau, mordait à belles dents dans son morceau de pain noir, plus d'un Crantor, en l'apercevant, enviait son appétit et sa santé! O incomparable félicité! se posséder, respirer à son aise l'air pur du ciel, appartenir à Dieu seul! tandis que les hommes s'attachent devant vos yeux au char des grandeurs et des préjugés. Lequel vous semble donc le plus illustre de Diogène ou d'Alexandre; — de celui qui, entraîné par une insatiable ambition, conquit des royaumes, ou du vagabond qui se contenta de sa place au soleil? — Jetez vos suffrages sur Alexandre le Petit, je réserve les miens pour Diogène le Grand.

Le beau temps avait amené une foule de jolies dames et d'élégants cavaliers dans le jardin des Tuileries. A l'écart de la route commune, à travers les arbres, se promenaient des poëtes à la recherche de la rime, et deux ou trois bas-bleus incompris, qui appelaient des consolateurs sur leurs pas légers; — mais, au grand désappointement de ces sauvages, rien ne venait, ni la rime, ni les consolateurs. M. de Tercy parlait inutilement à Edouard, depuis quelques minutes, attendu que l'imagination du jeune homme s'était élancée à la poursuite d'une dame qui paradait devant lui. Edouard avait pu voir son charmant visage au moment où elle passait à côté de lui. Cette vue fit battre son cœur; une apparition céleste ne lui eût pas produit d'effet. L'inconnue avait une mise assez excentrique. De son chapeau blanc, orné d'une longue plume, sortaient plusieurs touffes de cheveux bouclés à la Ninon; sa robe, d'un dessin très-original, fortement serrée à la taille, rebondissait en longs plis qui traînaient jusqu'à terre. Une levrette, tachetée de noir, pour le moins aussi gentille que sa maîtresse, trottinait coquettement derrière elle. Pendant que M. de Tercy pérorait, Edouard s'ingéniait à découvrir un honnête motif pour aborder *cette dame*; son esprit ne lui en fournissait aucun. Laissera-t-il s'envoler comme une charmante colombe cette femme qu'il aime... passionnément? Oh! non. Enhardi par le désir, il rejoignit le domestique, qui suivait d'un peu loin son inconnue, et le questionna, lui demanda quelques détails, en ayant soin de lui glisser dans la main ce qu'il trouva dans sa poche. Le domestique indiscret apprit à notre amoureux que la comtesse Hortensia était veuve, et qu'elle demeurait rue Notre-Dame-de-Lorette. Edouard, transporté de joie, revint vers M. de Tercy, qui cherchait de tous côtés le fuyard.

— Pourquoi avez-vous donc ainsi pris la fuite? demanda M. de Tercy.

— Ah! mon ami, répondit Edouard, elle est veuve.

— Qui ça?

— Rue Notre-Dame de Lorette; comtesse de Valingreuse.

— Vous êtes fou!

— Je suis amoureux.

— La Folie ne conduit-elle pas l'Amour? Mais comment avez-vous obtenu ces renseignements?

— Moyennant quelque monnaie que j'ai glissée dans la main du domestique.

— Malheureux!

— Vous m'effrayez...

— Et notre déjeuner?

— Ah diable! l'amour m'a fait oublier la faim. Ne vous reste-t-il plus rien?

— Peu de chose... adieu les jours gras. Maudite femme! elle nous enlève la moitié de notre repas. Après tout, étant amoureux, vous ne devez pas avoir faim.

— Au contraire, je me sens un grand appétit.

— Que le diable vous emporte!

Edouard et M. de Tercy sortirent des Tuileries, et entrèrent dans un restaurant de modeste apparence.

Cependant les jours se passaient sans qu'aucun événement vint améliorer ou changer la déplorable position d'Edouard; sa rencontre fortuite aux Tuileries le tourmentait jour et nuit. Il conçut alors le dessein de rendre une visite à la comtesse Hortensia, résolu à lui déclarer l'amour dont il était enflammé. Il partit dans de telles dispositions; mais, arrivé à la porte d'Hortensia, il se prit à réfléchir qu'il n'était pas décent qu'il se présentât aussi modestement vêtu chez une comtesse. Le pauvre amoureux maugréa à son aise contre sa misère, qui l'exposait aux railleries des passants; malgré tout, il s'arma de courage. « Si je ne puis aller chez elle, se dit-il, je veux la voir au moins passer.» Et il se mit en sentinelle devant la maison de la comtesse. Par malheur, un orage survint; et bientôt la pluie, qui tombait par torrents, trempa jusqu'aux os l'amoureux transi. Vous allez croire qu'il abandonna le champ de bataille, qu'il prit la fuite? Point. Edouard ne se dérangea pas; il ne désespérait pas de réussir. Un équipage, traîné par de superbes chevaux, sortit de la maison qu'habitait Hortensia. En effet, c'était bien elle; mais, ô désagréable surprise! un jeune dandy se prélassait à côté de la comtesse. La jalousie déchira quelques instants le cœur d'Edouard; mais, bénin comme tous les amoureux, il finit par se convaincre que le jeune homme qu'il avait aperçu était le frère, ou, pour le moins, le parent d'Hortensia. Bercé par cette illusion, il se remit en route, très-joyeux de la visite qu'il avait rendue à madame de Valingreuse. En entrant dans sa chambre, un carré de papier blanc, laissé à dessein ouvert sur la table, frappa sa vue. Il le prit, et lut ces quelques mots :

« Edouard,

» Ce soir, notre position aura changé. Je désirerais que vous ne vous éloignassiez pas trop de la maison. Attendez-moi d'un moment à l'autre.

» De Tercy. »

Cette lettre mystérieuse intrigua d'autant plus Edouard, que M. de Tercy avait passé les dernières nuits hors de chez lui. Après avoir rejeté quelques soupçons qui assaillirent son esprit, le jeune homme attendit patiemment l'arrivée de son ami. A une heure du matin, on frappa trois coups discrets à la porte. Edouard, qui ne s'était pas couché, se hâta d'ouvrir à M. de Tercy.

— Eh bien, s'écria Edouard inquiet, ce que vous m'avez annoncé ce matin s'est-il réalisé?

M. de Tercy sortit un portefeuille de sa poche, l'ouvrit, et en tira une poignée de billets de banque.

— Nous sommes riches, dit-il d'un air sardonique. Voici le puissant levier des choses de la vie. A nous les honneurs, à nous les fêtes, à nous les spectacles, à nous les honnêtes femmes, à nous la vertu! Ces chiffons de papier représentent la puissance humaine.

Et ce disant, M. de Tercy faisait voltiger les billets de banque dans la chambre. Edouard suivait d'un œil fasciné les précieux morceaux de papier.

— Vous aimez la comtesse Hortensia de Valingreuse, continua M. de Tercy. Combien vend-elle son joli corps, cette sirène?

— Monsieur, dit Edouard contrarié, n'insultez pas une femme que vous ne connaissez pas.

— Je les connais toutes, ces vipères; mais, bien loin de vous engager à oublier la comtesse, je veux qu'elle vous reçoive dans son boudoir et qu'elle devienne votre maîtresse aujourd'hui même. Allons, préparons une jatte de punch, et buvons jusqu'au jour qui doit éclairer notre richesse!

Le lendemain, Edouard se rendit chez un tailleur: il prit les plus beaux vêtements qu'il trouva dans la boutique, paya en billets de banque, et se fit conduire rue Notre-Dame-de-Lorette. Ce fut précisément le domestique des Tuileries qui ouvrit la porte à Edouard, qui demanda si madame la comtesse était visible. Pour toute réponse, le domestique l'introduisit dans le boudoir de la comtesse. Edouard ne sut tout d'abord où on l'avait amené. De grands rideaux noirs voilaient le jour; il régnait une semi-obscurité dans la chambre; des odeurs aromatiques flattèrent le nerf olfactif de notre amoureux. Un peu interdit, Edouard s'avança de quelques pas; mais ses jambes rencontrèrent une table surchargée de papiers; il jeta un cri.

— Maladroit! tu n'en fais jamais d'autres, dit une voix criarde.

— Veuillez me pardonner, balbutia Edouard, je n'ai pas l'habitude de ces lieux...

— Un étranger! s'exclama une voix si douce, qu'Edouard s'imagina entendre une autre personne.

— Madame la comtesse, dit Edouard, je suis fâché d'avoir commis une maladresse pareille. Je m'annonce bien mal; c'est un triste début auprès de vous; *mais je n'en fais jamais d'autres.*

— Oubliez, monsieur, des paroles qui ne s'adressaient pas à vous, répondit la comtesse en donnant à la pose la plus favorable à son corps. A quel motif dois-je votre aimable visite?

Edouard se trouva singulièrement embarrassé, car il n'avait préparé aucune réponse à cette question.

— Vos grâces... votre beauté... dit-il.

La comtesse accourut à son secours.

— Ah! je devine, dit-elle; vous avez lu mon dernier roman, qui m'a conquis les suffrages du public, *les Amours d'une Femme*, et vous avez désiré connaître l'auteur de ce chef-d'œuvre.

— Ma comtesse est une femme de lettres, un bas-bleu! se dit Edouard étonné. — Oui, répondit-il, j'ai lu *les Amours d'une Femme*, et j'ai été curieux de visiter l'auteur de ce charmant livre.

— Soyez le bienvenu, marquis de...

— Ménars, dit Edouard surpris de se voir anobli, mais n'osant pas démentir Hortensia.

— Asseyez-vous donc, marquis de Ménars, et causons. Que se passe-t-il à Paris? Quel est, après le mien, le roman à la mode? Instruisez-moi, je suis tout à fait étrangère aux bruits de la ville.

— Comtesse, répondit Edouard en s'enhardissant, à dire vrai, votre roman occupe seul le public enthousiaste. Après cela, du bruit, du bruit, et encore du bruit, voilà ce qui se passe à Paris.

Il se fit un instant de silence, pendant lequel Edouard examina les traits de la femme de lettres. Des cheveux d'un noir d'ébène flottaient sur son gracieux cou; la sévère expression de ses yeux noirs était adoucie par de longs cils veloutés, et sa bouche, petite et mignonne, semblait appeler les brûlants baisers.

— Tenez-vous à lire des vers que Rafaëla de Santillano, notre poëte favori, m'a envoyés ces jours derniers? Voyez sur mon guéridon.

Edouard chercha, dans les paperasses entassées les unes sur les autres, les poésies de Rafaëla de Santillano.

— Marquis, vous me direz quel effet ils auront produit sur votre noble personne.

Le marquis de Ménars lut les vers de l'orgueilleux qui s'était affublé du nom de Rafaëla de Santillano. Cette poésie était plate, ridicule et détestable. Rafaëla appelait tour à tour la comtesse *la source de sa vie, l'âme de son âme, la vierge aux belles inspirations, l'étoile du matin*, etc., etc.

— Eh bien, marquis?

— C'est admirable, répondit Edouard, en appelant la dissimulation à son aide. Quel homme! quel cerveau! quel imagination! quel... Du reste, il ne pouvait faire mal en traitant un aussi beau sujet.

— Que c'est régence, marquis! Votre jugement me plaît beaucoup; je veux vous gratifier d'une faveur inouïe. Je vais vous lire quelques lignes de mon nouveau roman, intitulé : *Les Femmes supérieures*. Je développe dans ce livre une thèse très-importante; je démontre clairement la supériorité de la femme sur l'homme. Ecoutez :

« Le soleil miroitait dans l'eau, trois ou quatre oiseaux chantaient à l'envi les louanges de Dieu. La brise caressait le nez aquilin de Clairina; les arbres se balançaient mollement au souffle du vent. Tout à coup Clairina, enveloppée d'un mantelet, se présenta devant Albert. La jeune héroïne avait deux épées; elle en présenta une au séducteur de sa malheureuse sœur. Albert refusa le cartel, mais elle sut bien le contraindre à se battre. Les deux épées se croisèrent : Clairina, nullement effrayée, se fendit et porta un coup mortel à son adversaire. »

Le bas-bleu s'arrêta. Si amoureux qu'il fût, Edouard ne put chasser le sommeil que lui procura cette lecture... il commençait à ronfler.

— Qu'en pensez-vous, marquis? demanda madame de Valingreuse. Par exemple, je compte sur votre discrétion; ne confiez à personne les belles phrases que je vous ai déclamées.

— J'en suis incapable! dit Edouard en s'éveillant.

— Ah! tenez, voici encore un envoi d'un de nos meilleurs poëtes.

— Comtesse! s'écria Edouard, ayez pitié de mon martyre.

Ces poëtes, dont vous vous plaisez à exalter le mérite, sont mes rivaux. S'ils se présentaient en ce moment, je serais capable de les frapper de ce poignard.

— Marquis, vous m'effrayez!

— Hortensia, je vous aime! ne croyez pas que ce soit un vain mot; il y a quinze jours que je vis comme un damné et que cet aveu cherche à s'échapper de mes lèvres. Je souffre loin de vous, Hortensia, et je me tuerai si vous avez la cruauté de me repousser.

— Imprudent! dit la comtesse, vous allez me compromettre... la porte est entre-bâillée.

Édouard courut à la porte et la ferma. En revenant, son portefeuille s'échappa de son habit; quelques billets de banque en sortirent. L'œil de la comtesse s'alluma d'un vif éclat. L'exaltation d'Édouard lui donnait une aveugle confiance; il entendait sans cesse résonner à son oreille ces paroles de M. de Tercy : *Je veux qu'elle devienne votre maîtresse aujourd'hui*. Il attendit donc de pied ferme une réponse à sa déclaration.

— Marquis, dit la comtesse, légèrement émue, votre déclaration a fait écho dans mon cœur.

— O félicité!

— Attendez. Je dois charitablement vous informer de mes défauts.

— Vous n'en avez aucun, belle comtesse.

— Écoutez-moi, marquis. Je ne m'attacherai qu'à un homme qui me prouvera l'intensité de son amour par de continuels sacrifices. Que voulez-vous? je ressemble à Manon Lescaut. L'amour, sans le bien-être, a peu de charme pour moi. Marquis, ramassez donc votre portefeuille.

— Chère Hortensia, ma vie, ma fortune, ne t'appartiennent-elles pas? Je ne reculerais devant nul sacrifice pour te satisfaire. Tiens, prends ce portefeuille, ma comtesse; fais-toi de légères papillotes avec les billets de banque qu'il renferme.

— Mon Dieu! l'amour triomphera toujours de la faiblesse des femmes! murmura la comtesse Hortensia.

« Je veux qu'elle devienne votre maîtresse aujourd'hui même. »

Édouard sortit dévalisé du boudoir de la femme de lettres; mais il ne pensait qu'à sa maîtresse, et non à ses billets de banque: aussi marchait-il fièrement dans la rue comme un général qui vient de remporter une victoire. Il entre beaucoup de vanité dans l'amour; les don Juan *n'aiment* que par orgueil. Édouard fit part de sa nouvelle conquête à M. de Tercy.

— Combien vous a-t-elle coûté?

— Ce qu'il y avait dans mon portefeuille.

— Dix mille francs! peste! c'est une belle femme, mais elle se vend cher.

— Je vous en prie, monsieur de Tercy, ne raillez pas la comtesse de Valingreuse; ne l'assimilez pas à une femme sans vertu.

— Vous faites des folies, mon élève; c'est de votre âge, du reste. A propos, l'argent doit manquer dans votre caisse. Ne craignez pas de me le dire.

— Comme je suis écervelé! je n'ai pas encore songé à vous demander d'où provenait cette fortune, qui nous a tirés d'embarras.

— M. de Tercy parut contrarié de cette question.

— Les banquiers s'informent-ils de quelle mine sort l'argent ou l'or qu'ils tiennent entre les mains? Imitez-les, jeune homme. Ne demandez jamais à la fortune d'où elle vient, elle pourrait vous répondre : « Du Pérou, et j'y retourne. »

Depuis ce jour, Édouard ne questionna plus M. de Tercy à ce sujet. Du reste, il le vit rarement, car il passait les jours et les nuits chez sa nouvelle maîtresse. C'étaient pour lui les délices de Capoue. La jolie comtesse n'avait qu'un défaut, celui de s'emparer de tout l'argent que son amant possédait; de sorte que la bourse d'Édouard diminuait en raison de l'accroissement de son amour. Édouard avait-il besoin d'argent, il se

rendait au plus vite chez son *banquier*, et en sortait de même. Quand il revenait bien muni, la comtesse Hortensia le recevait avec des transports d'allégresse, et l'amoureux, très-peu soupçonneux, s'imaginait bénévolement que ces marques éclatantes d'affection étaient dues à son absence? Ce qui contrariait Édouard, c'est que la comtesse lui lisait trop souvent quelques passages de son nouveau roman. Il se fût bien donné au diable pour échapper à ce supplice, mais il tenait à ne pas trop s'éloigner; la jalousie lui donnait de la patience. Qui n'eût pas été jaloux dans la position d'Édouard. Tout homme, à la vue d'une si belle forme humaine, devait inévitablement tomber amoureux d'Hortensia; aussi le jeune homme ne se lassait-il pas d'admirer ces traits expressifs, cette admirable carnation, ces membres aux contours amollis, qui faisaient de la comtesse un chef-d'œuvre de grâce et de beauté. De sévères censeurs ne manqueront pas de qualifier Édouard de matérialiste. Il me semble qu'on a trop abusé de ce mot, prodigué à tort et à travers par les ignorants. La doctrine du matérialisme est à jamais condamnable; mais Dieu ne nous a-t-il pas donné l'intelligence pour apprécier et exalter les prodiges de la création? Les hommes de génie, les Raphaël et les Byron, se reconnaissent à leur puissance d'exaltation; peu importe, après tout, qu'ils s'extasient devant tel ou tel objet. Celui qui admire l'œuvre admire l'ouvrier; c'était là, du moins, le sentiment intime du vertueux Gassendi. En résumé, on ne rendra jamais un trop grand culte aux femmes. Rappelons-nous que les femmes, à part leurs petits défauts, sont des foyers de douceur et de sensibilité, elles ont amené la civilisation. Nous en exceptons, bien entendu, celles qui, comme la comtesse Hortensia, se donnent le ridicule de sortir de leur sphère. Le génie n'a pas de sexe, c'est vrai; mais pour une femme de génie telle que George Sand, nous en possédons une myriade d'autres qui pleurent trop souvent leurs *illusions perdues*. Pendant qu'un véritable poëte mourut à l'hôpital, n'a-t-on pas eu l'audace d'accorder un prix à une petite fille qui glanait dans le champ de la poésie! *O tempora! ô mores!* Je finis par souhaiter à mon plus grand ennemi une femme de lettres pour compagne.

Un certain soir qu'Édouard revenait de visiter son banquier, il rencontra chez sa comtesse le poëte Rafaëla de Santillano. Celui-ci, littéralement enfoncé dans un fauteuil, ne prêta aucune attention à l'arrivée du nouveau personnage, impolitesse qui excita la colère d'Édouard.

— Monsieur de Santillano, dit la comtesse Hortensia, j'ai l'honneur de vous présenter le marquis de Ménars.

— Ce nom m'est parfaitement inconnu, répondit le poëte, sans se déranger de son fauteuil.

— Monsieur, dit Édouard piqué au vif, je crois de mon devoir de vous faire remarquer l'inconvenance de votre conduite. Vous n'êtes pas ici chez vous.

— Je le sais bien; je suis chez ma maîtresse.

— Insolent!

— Édouard, s'écria la comtesse Hortensia, n'écoutez pas ce misérable; il ment comme un lâche et comme un impudent!

— Hortensia, dit le poëte en raillant, il y a huit jours entiers que je ne t'ai vue. Tu n'as pas perdu ton temps, puisque tes nouveaux amants t'ont déjà fait oublier nos anciennes relations.

— Rafaëla de Santillano, s'écria Édouard furieux, savez-vous comment on châtie les insolents de votre espèce, les lâches qui insultent les femmes?

— Ma foi non; je serais curieux...

— Eh bien, je me charge de vous l'apprendre.

— Je vous en saurai un gré infini.

— Votre arme?

— L'arme des gentilshommes, l'épée.

— Le lieu du rendez-vous?

— Le bois de Boulogne.

— Votre heure?

— De suite!

— Partons!

— Partons!

Les deux adversaires sortirent en même temps du boudoir de la comtesse Hortensia de Valingreuse. Ils se séparèrent bientôt pour quérir leurs témoins. Édouard se rendit de suite auprès de M. de Tercy, et lui demanda s'il voulait lui servir de témoin.

— Pour votre mariage? lui dit M. de Tercy en riant.

— Pour mon duel, répondit Édouard assez soucieux.

M. de Tercy prit des fleurets et se mit en devoir de donner une leçon d'escrime à son élève; il lui enseigna le fameux coup qui avait tué le notaire.

— Imitez-moi, dit le duelliste au novice : fixez bien votre adversaire; fascinez-le par votre regard. Une! deux! vous ne vous effacez pas assez.

Une heure après ces salutaires exercices, six personnes se trouvaient réunies dans un rond-point, au bois de Boulogne. Rafaëla, nonchalamment étendu sur un tertre, semblait avoir oublié son duel. Il fallut nécessairement que les témoins le rappelassent à son devoir.

— Eugène, dit le poëte à son ami, en lui présentant un morceau de papier crayonné, voici quelques vers que je viens d'écrire. En supposant que je succombasse, tu te chargerais de les publier. Je me recommande à ton amitié.

— Messieurs, avança un témoin de Rafaëla, cette malheureuse affaire ne pourrait-elle se terminer d'une manière pacifique, en faisant des concessions de part et d'autre?

— Que monsieur se rétracte, dit Édouard en désignant Rafaëla, qu'il démente ses propos calomnieux, et tout duel cessera.

— J'ai dit la vérité, répliqua de Santillano, je mourrai plutôt que de me rétracter. En garde, beau don Quichotte, défendez votre vertueuse Dulcinée!

— Ne perdez pas de vue le coup que je vous ai enseigné, dit M. de Tercy à l'oreille d'Édouard.

Le combat s'engagea. Les deux adversaires ferraillèrent longtemps, car ils se valaient pour l'habileté. Si incapables qu'ils fussent, il fallait cependant que l'un des deux mordit la poussière. Édouard enfonça son épée jusqu'à la garde dans la poitrine de Rafaëla de Santillano. Le poëte tomba lourdement sur le gazon, qu'il inonda de son sang.

— Rafaëla! mon ami! s'écria Eugène en se jetant sur le corps du malheureux poëte.

— Songe à ma poésie, je compte sur toi. Telles furent les dernières paroles de Rafaëla, tant il est vrai que le poëte consacre ses derniers soupirs à la gloire.

M. de Tercy et Édouard avaient déjà disparu. Les témoins s'empressèrent autour de Rafaëla; ils voulurent le porter dans la maison la plus voisine, mais il expira entre leurs bras.

Édouard cheminait tristement à côté de M. de Tercy. Sa victoire l'attristait; l'ombre de Rafaëla se dressait menaçante devant lui et lui interdisait toute joie. Édouard sentit à ses remords que l'homme qui tue son semblable ne mérite que le nom de barbare. Le sang retombe tôt ou tard sur ceux qui le répandent. Il retombera sur vos têtes, monstrueux fanatiques, qui, dans cette horrible nuit de la Saint-Barthélemy, n'avez pas craint d'assassiner les protestants, vos frères, *au nom d'un Dieu de paix*, qui vous avait ordonné d'aimer vos ennemis. Il retombera sur votre tête, bourreaux impitoyables, qui avez torturé Galilée, ce martyr de la vérité. Tueurs de tous les genres et de tous les temps, assassins de l'amiral Coligny ou d'André Chénier, la postérité vengera vos victimes en ne cessant de maudire vos noms sanglants!

Une troupe de balayeurs nettoyaient le boulevard. L'inspecteur donnait impérieusement ses ordres, indiquant du geste les endroits les plus sales. Parmi ces pauvres hères qui gagnaient si péniblement leur vie, il s'en trouvait un qui avait de la peine à soulever son balai. De profondes rides sillonnaient son visage, qui contrastait vivement avec ceux de ses compagnons de misère. Un observateur perspicace eût facilement deviné sous ces traits ravagés qu'une grande infortune avait poussé cet homme dans le dernier degré du malheur.

Édouard et M. de Tercy passèrent à côté des balayeurs. M. de Tercy s'arrêta brusquement. Après quelques minutes d'observation, il crut reconnaître dans l'infortuné balayeur que nous venons de désigner l'ancien notaire d'Orléans. Il fit part de ses soupçons à Édouard. Celui-ci lui affirma que c'était bien là M. Vilmar, celui qui leur avait raconté avec tant de confiance l'histoire de sa vie.

— La vertu, dit M. de Tercy à Édouard, la vertu balaye les rues, et le vice l'éclabousse. Le balai du paria a remplacé la plume du notaire. Honnête Vilmar! cœur généreux et dévoué, voilà donc le but de tant de sacrifices : tu es réduit à ramasser ton pain dans la boue, tandis que ta femme et son amant, qui t'ont dilapidé, prodiguent ton bien dans de splendides festins! Quelques vêtements en lambeaux couvrent à peine ta chair nue, mais de riches étoffes enveloppent leur corps; tu marches pieds nus sur le pavé humide, mais un équipage les transporte doucement! Édouard, ce monde ressemble à un cloaque impur, où d'affreuses monstruosités s'offrent à l'œil effrayé!

En ce moment un landau, traîné par deux chevaux fringants, partagea les balayeurs en deux colonnes latérales. M. Vilmar (car c'était lui), après avoir lancé un coup d'œil furtif dans l'intérieur du véhicule, jeta un cri perçant. Il s'efforça de rejoindre le landau, mais ses forces lui firent défaut, et il tomba sur le pavé en murmurant ces étranges mots :

— Ma femme... Félicienne! »

Édouard porta aussi ses regards dans l'équipage et y vit, à sa grande surprise, sa belle maîtresse, la comtesse Hortensia de Valingreuse, assise à côté d'un dandy.

— Malheur! s'écria-t-il; pendant que je risquais ma vie pour défendre son honneur outragé, l'infâme se moquait de moi avec un de ses amants!

Cependant une multitude d'hommes et de femmes entouraient les balayeurs attroupés. M. de Tercy perça la foule, afin de secourir l'ancien notaire, qu'il rejoignit bientôt. Vilmar était évanoui. Sur sa pâle figure tombaient de longues mèches de cheveux souillés de boue et de sang; sa chute l'avait blessé à la tête. M. de Tercy, aidé de quelques personnes complaisantes, le porta chez le premier pharmacien venu. Dès que le malade eut repris ses sens, il demanda Félicienne, et comme les assistants ne comprenaient rien à sa demande, il dit à M. de Tercy, qu'il reconnut aussitôt :

— Lorsque vous m'avez vu pour la première fois, monsieur, j'avais du courage; le malheur ne m'accablait pas comme aujourd'hui; mais l'homme est toujours plus faible qu'il ne le paraît. Le souvenir de Félicienne resta gravé dans ma mémoire, et, vous l'avouerai-je, quoique j'ignorasse même la ville qu'elle habitait, je me surpris à l'aimer comme aux premiers temps de notre mariage. Tous les raisonnements imaginables ne purent détruire ce sentiment que j'attribue à l'absence de l'ingrate. Vous savez le reste. Tout à l'heure, sa subite apparition a réveillé un vil amour dans mon cœur endormi par la misère. Je ne l'ai revue que pour la perdre de nouveau. Il faut que j'accepte avec résignation tous les maux qu'il plaît au ciel m'envoyer, sans chercher à en pénétrer la cause. Dieu veut que je souffre... A présent que, grâce à vos soins, j'ai la tête bandée, je me sens mieux; je vais reprendre mon travail; je crains de perdre ma journée, car je manque de pain.

M. de Tercy, malgré son insensibilité habituelle, s'émut à entendre parler cet homme dont le malheur égalait la vertu. Il remit cent francs à l'ancien notaire devenu balayeur, et s'enfuit comme l'éclair.

Édouard n'avait pas voulu suivre le blessé; il attendait avec impatience, pour satisfaire sa curiosité, que M. de Tercy sortit de la boutique du pharmacien.

— J'ai des nouvelles à vous apprendre, dit M. de Tercy en absorbant le jeune homme.

— Eh bien, demanda Édouard, M. Vilmar vous a-t-il parlé?

— Avant tout, monsieur le duelliste, connaissez-vous bien la femme que vous venez de défendre au péril de votre vie?

— Jusqu'à présent, répondit Édouard, la comtesse Hortensia m'avait paru la plus belle et la plus noble des femmes; mais tout à l'heure je l'ai surprise en landau avec un fat, et j'avoue que je ne la croyais pas capable d'une telle action.

— Quelle horrible action! Vous la jugez avec trop d'indulgence, mon ami. Que penseriez-vous donc d'une femme qui, de concert avec son amant, aurait volé et tenté d'assassiner son mari?

— Vous me rappelez là les infamies de l'infernale Félicienne.

— Vous aimez pourtant cette Félicienne! Sa possession vous a coûté, c'est-à-dire m'a coûté des sacrifices sans nombre, et pour satisfaire un caprice de cette femme qui, après avoir voulu assassiner son mari, s'amuse à publier des romans et à duper ses amants, vous avez tué un pauvre diable de poëte, qui eût volontiers encore rimé pendant une quarantaine d'années! Voilà vos hauts faits d'armes, mon élève.

— Affreux soupçon! la comtesse Hortensia de Valingreuse...

— N'est autre chose que l'infernale Félicienne! M. Vilmar a reconnu sa digne épouse dans le landau de son nouvel amant.

— Mon Dieu! aurais-je pressé dans mes bras un pareil monstre? Oh! c'est impossible. Je veux que sa bouche détruise à l'instant toutes vos horribles suppositions. Adieu!

Le jeune homme quitta M. de Tercy et se mit à courir dans la direction de la rue de Notre-Dame-de-Lorette.

La comtesse n'était pas encore de retour. Le domestique confia à Édouard qu'elle avait témoigné le désir d'aller voir une de ses amies.

— Ah! dit Édouard, on t'a fait ta leçon. Mets de côté toute hypocrisie. Combien t'a-t-on donné pour mentir?

— Vingt francs, répondit naïvement le domestique.

— Tiens, drôle, en voici quarante; dis-moi la vérité.

— Eh bien, monsieur, reprit confidentiellement le domestique, aussitôt que vous avez eu le dos tourné, un journaliste, M. Castor, est venu la prendre dans sa voiture. Ah! j'oubliais; elle m'a chargé de vous remettre ce petit billet.

— C'est bien. J'attendrai ta maîtresse, entends-tu?

— Oui, monsieur.

Édouard passa dans la chambre de la comtesse. Il ouvrit précipitamment la lettre que le domestique lui avait donnée, curieux de savoir avec quelle habileté la perfide saurait mentir. Voici ce que la lettre contenait:

« Mon chéri,

» Ne t'étonne pas de mon absence. Je suis dans une telle inquiétude à ton égard, que je ne puis rester chez moi. Je vais voir une amie d'enfance, madame de Claudentalles. Dans deux heures j'espère t'embrasser.

» Comtesse H. DE VALINGREUSE. »

Édouard attendit une heure. Au bout de ce temps, la comtesse arriva.

— Dieu soit loué! s'écria-t-elle en arrivant, tu reviens sain et sauf, Édouard.

— Madame de Claudentalles se porte bien? dit Édouard en raillant.

— A merveille.

— Et M. Castor?

— Que signifie cette demande?

— Elle signifie que vous venez de vous promener avec M. Castor; il prend peut-être le pseudonyme de madame de Claudentalles.

— Édouard, vous raillez. Instruisez-moi donc plutôt du sort de Rafaëla.

— Vous l'avez tué, madame!

— Quelle accusation!

— Vous me comprenez bien. Je veux dire que la comtesse Hortensia, pour se débarrasser de ses amants, n'a pas trouvé de meilleur expédient que de les mettre tous les deux en face de la mort.

— Je ne devine pas le sens de ces billevesées. Vous devenez fou!

— Mais pourquoi trembles-tu donc, Félicienne?

Ces paroles foudroyèrent Hortensia; sa figure s'assombrit tout à coup.

— Démon! reprit Édouard, il n'y a pas un crime que tu n'aies commis! Tu as porté la désolation dans tous les endroits où tu as passé; tu as torturé tous les êtres qui ont osé te regarder en face. Ton mari, que tu as trahi d'une manière infâme, est tombé dans le gouffre de la misère, et, pour combler la mesure de tes forfaits, tu m'as fait assassiner Rafaëla, car il a été ton amant, j'en suis sûr à présent, horrible courtisane. J'ai été trop longtemps ta dupe. A mon tour de te flétrir comme la plus vile des femmes!

Édouard leva la main pour frapper Félicienne. La comtesse Hortensia se dressa menaçante, le poignard à la main. Ses yeux lançaient des éclairs.

— Frappe, dit Félicienne, mais redoute ma vengeance! Tu oublies, pauvre sot, que tu t'es prosterné cent fois à mes pieds en me jurant que tu te damnerais pour moi. De quel droit m'adresses-tu donc des reproches? Je ne t'ai pas confessé ma vie antérieure, parce que je savais que tu reculerais d'effroi. Tu as aimé la comtesse Hortensia, mais tu n'aurais jamais osé presser dans tes bras l'ardente Félicienne. Va, lâche, tu n'as jamais mérité le brûlant amour d'une femme!

La comtesse Hortensia de Valingreuse tira le cordon d'une sonnette. Deux domestiques accoururent, prêts à satisfaire le moindre désir de leur maîtresse. Elle leur ordonna du geste de jeter Édouard à la porte. Ils obéirent aussitôt.

— Concevez-vous une pareille audace? disait Edouard à M. de Tercy, quelques minutes après sa honteuse expulsion.

— Mon cher ami, je conçois tout de la part des femmes. Voyons, il faut chasser toutes ces idées; il faut vous distraire. Où voulez-vous que je vous mène?

— Au diable!

— Votre vœu sera exaucé, jeune homme. Je vais vous conduire à la *Chambre infernale!*

— A la *Chambre infernale*, soit!

Et tous deux sortirent promptement de la maison.

### La Chambre infernale

L'heure du mystère, l'heure où les démons commencent leur joyeux sabbat, où les amants et les voleurs escaladent les balcons pour ravir les femmes et les trésors des pauvres maris, l'heure où les crimes se commettent impunément, où le poëte, ne sachant même pas si Dieu lui accordera un morceau de pain le lendemain, veille à la faible lueur de sa chandelle, tandis que l'avare compte son or, qui prend une couleur fantastique à ses yeux, et que les coquettes énumèrent leurs dupes, minuit venait de sonner aux différentes églises de la capitale.

C'était une nuit horrible: une tempête effroyable s'était déchaînée sur Paris. L'orage mugissait lugubrement; la pluie cinglait les vitres des croisées, et le vent, dont le râle plaintif ressemblait à celui d'un agonisant, allait s'engouffrer dans les cheminées.

Cette nuit-là, les mystérieux associés de la *Chambre infernale* se trouvaient réunis dans une vaste salle, en face d'un feu qui pétillait bruyamment dans l'âtre.

Les francs débauchés de la *Chambre infernale* avaient voulu ressusciter les petits soupers et les orgies de la Régence. D'abord, ils furent en très-petit nombre, mais leur renommée les fit bientôt connaître, et tout ce que le monde compte d'hommes corrompus et de courtisanes se joignit à eux. A leur réception, il fallait que les novices jurassent de se vouer toute leur vie à la débauche la plus effrénée, qu'en outre ils abjurassent tout sentiment de pudeur et de retenue. Après cet infâme serment, ils jouissaient de tous les droits des anciens sociétaires. Plusieurs jeunes gens se ruinèrent dans ces folles orgies; d'autres cherchèrent de nouvelles ressources dans leurs talents.

Avant le *petit souper*, les sociétaires se réunissaient dans un salon où des conversations animées ne tardaient pas à s'engager. Les jeunes débauchés, se sentant en verve à la vue de femmes magnifiquement parées, dont la grâce coquette et l'air animé flattaient leurs sens et excitaient en eux un subit amour, dépensaient leurs plus belles flatteries. Au reste, les femmes étaient parfaitement libres de refuser les cavaliers qui s'offraient à elles; mais, peu cruelles, elles souriaient volontiers aux agréables propositions de leurs courtisans. Les mots galants, les protestations d'amour, les baisers surpris, retentissaient bientôt de toutes parts; c'était une musique enivrante qui portait le délire dans les cerveaux de ceux qui l'entendaient. Lorsque chaque courtisan avait choisi sa *favorite*, on passait dans la salle du festin. Là régnait un luxe vraiment féerique : de magnifiques tentures cachaient les murs; sur le plafond de la salle, on avait peint à fresque Vénus et les Grâces, et l'or et l'argent brillaient sur les tables couvertes de mets et de vins exquis.

M. de Tercy avait conquis une renommée d'homme d'esprit parmi ces débauchés, qui admiraient le cynisme de ses raisonnements; aussi lorsqu'il présenta son élève, ce dernier fut reçu sans aucune difficulté. Édouard, dans le louable dessein de s'étourdir sur ses infortunes, et de chasser de sa pensée jusqu'au souvenir de Félicienne, s'était abandonné corps et âme à M. de Tercy. Il fut donc très-surpris en se trouvant face à face avec cette même femme qu'il fuyait.

— Félicienne ! s'exclama Édouard ; mes yeux ne m'abusent-ils pas ? Est-ce toi, ou ton image exécrée qui me suit partout ?

— Ne faites pas de puériles simagrées ici, dit la femme de lettres, on se moquerait de vous. Rigide censeur, il me semble que votre sévérité ne concorde nullement avec votre conduite, puisque je vous rencontre dans ce lieu de débauches.

— J'ai joué de malheur, car je ne venais ici que pour t'oublier.

— Mon souvenir occupera longtemps encore ta pensée, Édouard.

— Orgueilleuse ! tu te flattes que tes amants se souviennent de tes crimes. En effet, on ne rencontre pas tous les jours des monstres comme toi. Tu t'imagines bénévolement que je te cherchais, n'est-ce pas ? détrompe-toi : ta vue me cause un dégoût insurmontable. Qui pourrait donc t'aimer, diabolique créature ?

— Toi.

— Il faudrait pour cela que je ne connusse pas tes crimes et tes bassesses.

— Trêve d'injures, te dis-je. Imprudent, ne remarques-tu pas que tous les regards curieux se portent sur nous ? Édouard, tu ressembles aux juges impitoyables, de qui l'on peut dire : *Aures habent, et non audiunt.* Au lieu de rechercher la première cause de mes fautes, tu m'enveloppes dans une sévère réprobation, tu me condamnes sans m'entendre. L'amour est une terrible passion, mon maître; l'amour ressemble à un coursier indomptable, qui franchit audacieusement les fossés, saute en hennissant par-dessus les plus hautes barrières et foule aux pieds les hommes comme les fleurs. Heureux ceux qui peuvent arrêter ce fougueux animal, car dans sa course vagabonde, il vous emporte à travers les précipices et les ronces des chemins; pour moi, je n'ai su que lui lâcher la bride. Voilà la source de tous mes maux. Me crois-tu donc heureuse, aujourd'hui que, entraînée sur la pente rapide du vice, je cherche à étouffer les derniers cris de mon cœur ? Je grimace le plaisir, mais je souffre horriblement. Le remords et l'ennui dévorent ma vie.

— On ne le croirait pas.

— Allons, Édouard, mets tes sots scrupules de côté; ne te rappelle de nos relations que nos belles heures d'amour, et sois mon favori cette nuit.

— Serpent ! pourquoi faut-il donc que tu te caches sous une forme aussi séduisante ?

Le festin s'avançait. Les meilleurs vins, versés à profusion, avaient échauffé les têtes des convives, qui parlaient tous ensemble. Les femmes surtout, justement renommées pour leur loquacité, occasionnaient un désordre pareil à celui de la tour de Babel. M. de Tercy, placé à côté d'Édouard, lui montrait Maximilien Bertade, et lui donnait quelques explications sur les personnes qui criaient plus fort que les autres.

— Faites attention, Édouard, à ce jeune vieillard aux longs cheveux blonds et aux yeux caves. C'est un poëte de vingt ans; il donne les plus belles espérances.

— Messieurs, s'écria Eugène de Maubrenge, vos cris couvrent la voix majestueuse du tonnerre. N'entendez-vous pas comme la bise souffle au dehors en tourbillonnant ? Le démon, notre maître, se livre à ses joyeux ébats. Montrons-nous ses dignes disciples, et que nos bruyants rires parviennent jusqu'à son infernal trône.

Eugène de Maubrenge retomba épuisé sur son siége.

— Pauvre poëte, dit M. de Tercy, tu as perdu tes ailes. Il y a deux ans, l'Espérance, cette compagne inséparable des âmes crédules, guidait encore tes pas; il y a deux ans, j'admirais la noble expression de tes regards, ainsi que ta confiance dans l'avenir. Je n'osai te désabuser. Par malheur, les événements ont réalisé ma secrète pensée. Aujourd'hui, tes traits sont effacés par le dégoût et la débauche; tes yeux n'ont plus d'expression, et ton corps, décharné comme un cadavre, se couche déjà dans la tombe. Pauvre poëte !

— Suis-je donc mort ? dit Eugène en secouant sa blonde crinière, puisque l'on prononce mon oraison funèbre.

— Tu as encore huit jours à vivre.

— Huit siècles ! s'exclama le poëte en étouffant un long bâillement. Un rayon de soleil dorait, au moins, ma vie d'autrefois. Ah ! pourquoi m'avez-vous retracé cette existence à jamais regrettable ! Avant que je me fusse joint à vous, infâmes débauchés, avant que j'eusse étouffé dans l'orgie mes pensées et mon courage, j'ai longtemps combattu dans mon grenier; mais le nombre des ennemis m'a accablé ! Comme l'a dit un homme de mérite, en désignant la société : *Dans cet immense camp, toute main porte un glaive.* En effet, chacun m'a frappé du sarcasme ou du dédain. J'ai trituré mon cerveau la nuit et le jour en croquant un morceau de pain pour arriver à ce beau résultat. J'ai reconnu, un peu tard, il est vrai, que le public n'accorde son admiration et sa protection qu'aux histrions. J'osais pourtant lui parler de devoirs et de vertus ! Insensé ! trois fois insensé ! Désespéré, je brisai ma lyre, et... je...

— Arrête, Maubrenge; il est inutile de nous rappeler tes actions.

— Et... je bus !

La tête du poëte retomba lourde sur la table.

— Je remarque l'absence de Don Juan, dit M. de Tercy; je m'étonne de ne pas le voir parmi nous; il manque rarement à nos réunions.

— Ne craignez pas qu'il perde son temps; il doit enlever, ce soir, la femme du Monstre.

— C'est une entreprise par trop téméraire; il lui arrivera malheur. Si le Monstre le surprend chez lui, il le réduira en poudre.

— Don Juan ne succombera pas encore cette fois. Son audace le sert toujours à merveille.

— Tron du diable ! comme tu bois, Constance! tu es un véritable tonneau des Danaïdes.

— Je propose un toast à Lucifer ! s'écria Eugène de Maubrenge. Les coupes furent remplies et élevées avec enthousiasme.

— A Lucifer ! hurlèrent vingt bouches à la fois.

— Messieurs, vous poussez trop loin la folie, observa Dartelot, digne abbé qui venait se récréer de temps en temps à la *Chambre infernale.*

— Voilà qui est plaisant ! s'écria Bandernes, son ennemi juré. Comment! ce vil coquin de Dartelot, qui se pose devant le public en défenseur zélé des jésuites, qui, après avoir exterminé en chaire les impies et les hérétiques, vient se mêler à nos orgies, se permet de nous adresser des remontrances

Nous avons eu tort de le recevoir dans notre société. Si nous le jetions au feu?

— Au feu! au feu! crièrent les convives.

— Oh! oh! messieurs, répliqua Dartelot, n'écoutez pas ce misérable Baudernes. C'est une vengeance particulière qu'il veut exercer sur moi. Je vous le demande, n'est-il pas lui-même un mauvais débris de soutane?

— Je l'avoue, dit Baudernes, je n'ai pas voulu cacher mes crimes sous une robe noire. Je suis un véritable enfant du diable, moi, et, comme tel, je déteste l'hypocrisie, que Dartelot personnifie à merveille. Mes chers amis, vous feriez une action méritoire en brûlant cet hypocrite, qui passe sa vie à insulter les honnêtes gens.

— Eugène, Victor, Hortensia, s'écria Dartelot, venez à mon secours! Si vous ne bâillonnez pas ce fou, je me verrai forcé de lui briser la tête avec mon verre. Que signifie ce reproche d'hypocrisie qu'il m'adresse? Le dix-neuvième siècle n'a-t-il pas mis ce vêtement à la mode? Tout le monde est hypocrite aujourd'hui, qui dans philosophie, qui dans la religion, qui dans la politique, partout enfin. L'argent, c'est l'homme. Comme le sacerdoce m'en procure, je le défends et je le défendrai toujours *unguibus et rostro*. Puis-je opposer une sévère argumentation à mes adversaires qui parlent au nom de la raison? Oh! vous ne le pensez pas. Je suis donc contraint à les accabler d'injures et à les calomnier. Chacun défend son bien comme il peut. Vous n'êtes pas encore assez ivres pour ne pas apprécier la justesse de mon raisonnement, et dans ma position, vous m'imiteriez, vous défendriez à tout prix votre maison attaquée par des forcenés qui veulent la détruire et vous ensevelir sous ses décombres. Depuis deux mois, je vis tranquille avec vous, j'ai donc lieu d'espérer que vous confondrez ce fou de Baudernes.

L'abbé s'était défendu avec tout le courage et toute l'énergie que donne un imminent danger; mais ses auditeurs abasourdis ne songeaient à rien moins qu'à l'écouter.

— Eh bien, reprit Baudernes, avez-vous admiré à votre aise cette logique de jésuite, à l'aide de laquelle il a cherché à nous prouver que l'hypocrisie était nécessaire à son existence. Il nous prend pour ses dupes. Non! il ne sera pas dit que la *Chambre infernale* laissera subsister dans son sein une pareille vipère. Je vote sa mort.

— La mort! la mort! au feu l'hypocrite!

Les assistants se levèrent tous ensemble et s'emparèrent de Dartelot, qui implora vainement la clémence de ses juges. On porta le pauvre abbé auprès de la cheminée, et on le suspendit au-dessus du feu. Les flammes atteignirent bientôt ses cheveux et ses oreilles. Le vertige s'empara de lui, et il crut voir au-dessous de sa tête l'abîme infernal où il devait expier ses crimes. Comme ceux qui l'entouraient riaient à gorge déployée, il s'imaginait entendre les ricanements de Lucifer et de ses diablotins, désormais ses compagnons éternels.

— Grâce, mon Dieu! grâce! s'écria Dartelot; je me repens de toutes mes fautes. Ayez pitié de moi. Je vous demande grâce pour mes mensonges quotidiens, pour les insultes que j'ai prodiguées aux honnêtes gens, pour mes dégoûtantes débauches, pour... Aïe!... aïe!... mes oreilles! mes oreilles!

— Brûlez, brûlez toujours, dit l'impitoyable Baudernes, les oreilles du jésuite seront toujours assez longues.

Le damné hurlait, et les femmes jetaient des cris forcenés, car elles s'imaginaient que l'on avait la sérieuse intention de rôtir Dartelot. Baudernes retira son ennemi du feu, et ordonna qu'on éteignît aussitôt les lumières. Son ordre fut promptement exécuté. Alors tous les associés de la *Chambre infernale* dansèrent une bacchanale échevelée autour de l'abbé en poussant des cris féroces et en gesticulant d'une manière extravagante. Dartelot, certain qu'il se trouvait enrôlé dans la grande légion des diables, jugea qu'il avait trompé ses naïfs paroissiens en leur disant que les joies n'entraient jamais dans l'enfer. En effet, les diablotins sautaient si gaiement autour de lui qu'il se surprit à les imiter. Bientôt la danse cessa, et Baudernes frappa légèrement sur l'épaule de son ennemi.

— Eh bien! comment se porte maître Aliboron?

À cette question, Dartelot se ressouvint de sa dispute, et les ténèbres qui avaient égaré sa pensée se dissipèrent tout à coup.

— Dieu me pardonne! s'écria-t-il, vous m'avez fait rôtir comme un canard... Je brûle encore.

— Messieurs, dit Baudernes, il faut éteindre l'abbé; jetons-le à l'eau.

— Nous acceptons la proposition, répondit Eugène; qu'il sorte à l'instant!

— Bourreaux, barbares! s'exclama Dartelot, vous prétendez m'expulser au moment où la pluie tombe par torrents.

— À l'eau! à l'eau!

L'abbé sortit en maudissant ses implacables ennemis.

Le bruyant choc des verres avait cessé; l'orgie était arrivée à sa dernière période. Les moins aguerris roulaient sous la table en compagnie des coupes et des bouteilles; toutes les têtes se touchaient. Les seins brûlants des courtisanes reposaient sur les poitrines des débauchés, et leurs longues tresses déroulées se mêlaient avec les cheveux de leurs amants. Les cris de joie que l'ivresse arrachait aux jeunes gens et les soupirs amoureux des bacchantes se mariaient à la voix de la tempête; les flambeaux, éteints pour l'abbé, n'avaient pas été rallumés. D'intervalles en intervalles, l'éclair, qui sillonnait la nue, jetait une lueur subite sur ces débauches effrénées, et les flammes de l'âtre imprimaient un sinistre reflet sur tous les visages!

Trois coups pressés retentirent à la porte de la *Chambre infernale*.

— Quel est le rustre qui se permet d'interrompre notre sommeil? demanda M. de Tercy.

— *Babylone!* répondit une voix bien connue de M. de Tercy.

On ouvrit aussitôt la porte.

Max Arivel, surnommé Don Juan par ses compagnons de débauches, entra dans la salle. Il tenait dans ses bras une femme évanouie.

Pour que le lecteur ait l'intelligence de ce qui va suivre, il est nécessaire de lui raconter l'histoire de la femme que Max Arivel soutenait dans ses bras.

### Marianna

Marianna Taribuldi, comme son nom l'indique, était d'origine italienne. À l'époque où commence cette histoire, il ne lui restait pour toute famille que son frère. Antonio chérissait sa sœur; mais, ardent patriote, il aimait encore mieux l'Italie, qu'il voulut soustraire à la domination autrichienne. Par malheur, sa généreuse tentative ne réussit pas, et, pour sauver sa vie, il fallut qu'il abandonnât sa malheureuse patrie. Il se réfugia en France avec sa sœur. La bonne Marianna chercha, par des soins constants et de tendres prévenances, à effacer, ou du moins à atténuer le chagrin qui accablait Antonio. Arrivé à Paris, l'Italien fit les portraits de ceux qui voulurent bien se donner la peine de monter jusqu'à son quatrième étage. Peu à peu le peintre acquit de la renommée, et quelques riches particuliers lui commandèrent des œuvres. Grâce à l'activité et à la sévère économie de Marianna, les exilés vivaient sans trop de privations. La jeune fille eût été heureuse, mais son frère paraissait en proie à une profonde mélancolie. Antonio s'était subitement énamouré d'une femme mariée qui demeurait dans sa maison. Le peintre désespérait de son amour, quand un domestique vint lui annoncer que M. Barolois désirait qu'il fît son portrait et celui de sa femme. Antonio se mit aussitôt à l'œuvre. En deux séances il eut terminé le portrait du mari, mais il ne se pressa pas autant pour l'autre; il y mit, au contraire, une lenteur qui désespérait M. Barolois. C'est que le peintre ne se lassait pas d'admirer son modèle; il restait souvent en extase devant la charmante figure d'Ernestine, la femme du banquier Barolois; il se plaisait à parfaire son travail. Dans ses séances, il s'était établi une douce intimité entre le modèle et le peintre, qui coulait des jours délicieux auprès de celle qu'il aimait passionnément. Vingt fois le secret de son amour avait failli s'échapper des lèvres d'Antonio; la seule crainte de déplaire à Ernestine le retenait, et il ne se trahissait que par les yeux. Cependant le portrait était à peu près terminé, une seule séance suffisait pour l'achever. L'Italien ne voyait pas s'approcher sans un secret effroi le fatal moment où il serait forcé de s'éloigner de son beau modèle, et il se demandait s'il en aurait le courage. Témoin auriculaire d'une dispute, dans laquelle le banquier s'était porté jusqu'à insulter sa femme, il acquit la triste certitude qu'Ernestine était la plus infortunée des femmes. Il lui prit des envies furieuses de tordre le cou à ce Barolois, qu'il détestait comme son plus cruel ennemi. Il conçut alors un étrange projet, qu'il ne voulut pas mettre à exécution sans avoir l'assentiment d'Ernestine. Le jour où il devait la quitter, il eut un long entretien avec elle.

— Madame, lui dit-il, quand je vais me séparer de vous, peut-être pour toujours, j'éprouve le besoin de vous parler avec franchise, de vous révéler un amour que, jusqu'ici, j'ai secrètement renfermé dans mon âme.

— Que voulez-vous dire? interrompit madame Barolois en jetant sur l'Italien un regard de reine outragée.

— Oh! madame, ne vous offensez pas. Suis-je bien coupable de vous adorer comme une sainte; est-ce donc un crime si grand que vous ne puissiez me le pardonner?

— J'ai eu tort de m'emporter devant un sentiment respectueux, répondit Ernestine, calmée par ces paroles.

— Je ne vous ai fait un aveu, reprit Antonio, que pour vous en demander un autre à mon tour. Madame, vous n'êtes pas heureuse? Répondez-moi franchement, je vous en prie.

— Que vous importent mon bonheur ou mon malheur? ma joie ou ma peine?

— Auriez-vous déjà oublié que je vous aime? Et vous me dites : Que vous importe mon sort? Ah! madame, que ces mots sont durs pour moi, qui suis lié à votre destinée par un lien indissoluble, par le lien du plus pur amour. Vos chagrins deviennent les miens, et s'il est en mon pouvoir de les dissiper, parlez, disposez de moi, je vous suis tout dévoué.

— Monsieur Taribuldi, répondit Ernestine, qui était à cent lieues de comprendre le sens des paroles de l'Italien, je vous sais gré de vos bonnes intentions; je n'ai nul besoin de mettre à l'épreuve vos généreux sentiments. Plus tard, si l'occasion se présente...

— Plus tard, il ne serait peut-être plus temps, madame; il est possible que vous succombiez à la peine.

— Que signifie? répliqua Ernestine, de plus en plus étonnée.

— Cela signifie que j'ai découvert le secret de votre torture, et que je prétends vous en délivrer.

— Monsieur, il est des peines qui ne finissent qu'avec la vie.

— Je prends la liberté de vous détromper, madame; votre mari est le seul obstacle qui s'oppose à votre bonheur. Eh bien, ne peut-il pas lui arriver un accident... ne peut-il pas, par exemple, se battre en duel... être tué par son adversaire. Je veux être votre libérateur, je veux vous délivrer de votre tyran.

Cette brusque proposition surprit Ernestine, et jeta le trouble dans ses esprits; plusieurs idées contradictoires se cahotaient dans son cerveau. Elle se prit à réfléchir.

— Vous ne répondez pas, madame, dit Antonio. Vous plairiez-vous par hasard dans votre rôle de martyre? S'il en était ainsi, je me passerais de votre adhésion. Après avoir mis dans ma tête que je vous débarrasserais de votre chaîne, le diable — qui n'est certes pas si entêté que moi, — ne me ferait pas changer d'avis. Précisément j'entends les pas de votre mari; le seul moyen de le rendre furieux, comme je le veux, est d'exciter sa ridicule jalousie. A l'œuvre!

En effet, Antonio était au genoux d'Ernestine, et lui baisait passionnément les mains quand M. Barolois entra.

Qu'on se figure la colère du banquier. Son visage devint cramoisi; il se précipita sur l'Italien, et lui dit, en lui lançant un soufflet :

— Vous êtes un lâche, monsieur le peintre! vous cherchiez à séduire ma femme.

— Pareille injure mérite vengeance, répliqua Antonio; tout votre sang suffira à peine pour l'effacer.

— Vous me prévenez, monsieur...

— Vos armes? interrompit Antonio.

— Le pistolet.

— Votre heure?

— A l'instant.

— Bravo! Le lieu du combat?

— Je vais vous y conduire.

— A merveille. Prenez vos témoins, et veuillez m'attendre en face, au café Bertin; je vous y rejoindrai dans cinq minutes.

— J'ai votre parole.

Lorsqu'Antonio fut sorti M. Barolois se croisa les bras et jeta sur sa femme des regards foudroyants, comme s'il eût voulu la confondre par cette muette accusation, puis il sortit.

Aussitôt que le banquier, selon ses conventions, se fut rendu au café qu'il avait lui-même désigné à Antonio, les deux adversaires, avec leurs témoins, s'acheminèrent dans la direction du bois de Boulogne. A mesure qu'on avançait, le financier sentait son courage faiblir. Sa colère de mari était passée, et il envisageait les choses avec sang-froid. Quoiqu'il aimât à faire parade de sa fausse bravoure, soit qu'il eût réellement peur, soit qu'il ressentît quelque mauvais pressentiment, il fut tenté de rétrograder, mais l'amour-propre le retint. Afin de se donner une allure martiale, il se décida à marcher très-vite.

— Comme il est décidé! se dirent les témoins.

On s'arrêta dans un charmant emplacement. Les préparatifs du combat terminés, les deux adversaires se mirent en présence, à quinze pas l'un de l'autre.

A cet instant, monsieur Barolois ne se sentit pas à son aise; il proposa des conditions de paix à l'Italien.

— Tirez, lui répondit Antonio.

— Ainsi, vous vous refusez à tout arrangement; vous signez votre perte, je vous en avertis.

— Visez juste, j'aurai mon tour.

— A la grâce de Dieu! s'exclama le banquier, en lâchant la détente de son pistolet.

La balle effleura les cheveux d'Antonio et alla se perdre dans le bois. L'Italien visa juste, car M. Barolois, tomba pour ne plus se relever.

Antonio s'était éloigné du bois de Boulogne et revenait en toute hâte vers Paris.

Bercé par de riantes espérances, il arriva chez madame Barolois. Un domestique l'arrêta dans l'antichambre, en lui disant qu'il était impossible que sa maitresse le reçût, parce qu'elle était en *affaires*. Agité par une vague inquiétude, dont il ne se rendit pas compte, il négligea cet avertissement, franchit la première salle et s'approcha du boudoir d'Ernestine en marchant à petit pas. Que devint-il, lorsqu'après avoir prêté l'oreille pendant quelques minutes, il entendit ces paroles, qui lui déchirèrent le cœur :

— Chère Ernestine, choisissons cet instant favorable, tout est préparé pour notre départ. Nous irons à Bruxelles; là, nous vivrons heureux.

— Pourquoi faire? répondit une voix bien connue d'Antonio; attendons au moins le résultat de ce duel.

— Ce duel... ce duel se terminera comme beaucoup d'autres, par un bon repas. Songe donc que nous commettrions une sottise si nous ne mettions pas à profit cette occasion que nous offre le hasard. Mais n'aurais-tu pas une entière confiance en moi? Craindrais-tu de me suivre?

— Non, non; je te suivrai partout où il te plaira. Respirer le même air que toi, m'enivrer de tes regards, n'est-ce pas tout mon bonheur?

Deux larmes brûlantes sillonnèrent les joues de l'Italien.

— C'était un trop beau rêve ! se dit-il, il ne devait pas s'accomplir. Malheureux ! malheureux que je suis !

— T'es-tu munie de ce que tu as de plus précieux ?

— Oui.

— Partons.

Les deux amants ouvrirent la porte du boudoir, et virent Antonio qui leur dit, en cherchant à déguiser son émotion :

— Vous prenez une peine inutile, M. Barolois est mort.

— O ciel ! s'exclama Ernestine, est-ce possible ?

— C'est moi qui l'ai tué, répliqua Antonio, je dois le savoir mieux que personne.

En entendant cette soudaine déclaration, Ernestine baissa la tête et sembla éprouver de la répulsion pour celui qui venait de parler. Antonio remarqua ce mouvement.

— Ma présence vous répugne, dit-il avec un amer sourire ; rien de plus naturel. Je comprends que la vue du meurtrier de votre mari, qui vous était si cher, ne vous soit pas agréable ; aussi est-ce la dernière fois que je parais devant vous, madame, car je quitte la France.

— De quel côté allez-vous ? demanda vaguement Ernestine.

— Je vais en Italie, à Florence !

— Ne m'avez-vous pas dit que votre vie y était en danger ?

— C'est vrai, madame ; mais on ne s'inquiète pas de ce qui vous est à charge. Si je revois ma belle Florence, s'il m'est permis d'admirer encore une fois son ciel azuré, que m'importe d'y trouver un tombeau. La mort dans ma patrie, plutôt qu'une si triste vie loin d'elle. Adieu, madame.

Le lendemain de ce terrible jour, Antonio embrassait sa sœur pour la dernière fois ; il se suicida. Marianna pleura longtemps sur la tombe de son frère.


### Le Monstre


Marianna avait atteint sa vingtième année. Elle était véritablement belle alors : sa figure ressemblait à celle d'une madone ; l'expression mélancolique de ses yeux bleus eût passionné les êtres les plus insensibles. Chaque jour de nombreux adorateurs la fatiguaient de leurs serments et de leurs protestations d'amour. Marianna, qui n'en aimait aucun, rejetait leurs offres brillantes de mariage.

Si Marianna représentait le type de la grâce et de la beauté, en revanche Pierre Turpin avait atteint le dernier degré de la laideur et de la difformité. La nature l'avait complètement déshérité. Il était boiteux et bossu ; son large corps écrasait ses jambes frêles comme un roseau ; son visage inspirait de la terreur et de la répulsion ; ses cheveux étaient crépus ; son front paraissait si bas qu'on pouvait douter qu'il en eût un ; ses gros yeux ressemblaient à ceux d'un crapaud ; sa bouche était démesurément fendue, et sa lèvre inférieure pendait sur son menton. Les habitants de son quartier l'avaient surnommé *le Monstre*. Pierre Turpin servait les maçons. Après sa journée, il venait chercher sa vieille mère, qui travaillait dans le même magasin que Marianna. Quand il entrait dans l'atelier des jeunes couturières, ces dernières le couvraient d'insultes et exigeaient, en outre, qu'il se plaçât dans un coin, afin qu'elles ne pussent le voir. Seule, l'Italienne n'injuriait pas Pierre ; seule, elle le regardait sans colère. Lorsque chaque main porte un glaive, lorsque chaque bouche porte une malédiction, qu'il est doux de s'abriter sous un regard protecteur ! Turpin, contemplant Marianna à son aise, se jugeait plus heureux que les anges dans le paradis. Il oubliait tout en cet instant, et sa laideur repoussante, et les fatigues de la journée, et les insultes, et les coups que lui prodiguaient habituellement les maçons. Au sentiment de pitié que Marianna avait éprouvé à la première vue du Monstre, succéda un sentiment d'amitié. Comme le triste souvenir de son frère ne remplissait pas le cœur de la jeune fille, elle reporta toute son affection sur cet être difforme. Pierre Turpin était trop heureux : un fatal événement engloutit toutes ses joies. Il vint une dernière fois au magasin pour annoncer aux jeunes ouvrières la mort de sa mère et les inviter à l'enterrement. Toutes refusèrent, à l'exception de Marianna. En effet, le lendemain, la couturière et le manœuvre suivaient seuls le cercueil de madame Turpin. Après ce triste office, Pierre confia toutes ses peines à la douce Marianna.

— Écoutez-moi, dit l'Italienne au Monstre ; je n'avais qu'un frère, Dieu l'a rappelé à lui ; votre mère seule vous restait au monde, et vous venez de la perdre à jamais ! Nous sommes tous deux orphelins, perdus dans Paris ; unissons-nous. Soyez mon frère pour la vie.

Le pauvre Turpin, méprisé de tous, terrassé par le malheur, ne s'attendait pas à une pareille proposition. Il se toucha les yeux, afin de s'assurer qu'il n'était pas la dupe d'un rêve ; puis il se jeta aux genoux de l'ange qui lui offrait son concours pour supporter le fardeau de ses peines. Sa hideuse figure devint sublime d'enthousiasme dans son remercîment à la jeune fille. Il ne put parler ; sa joie l'étouffait.

Cependant Marianna ne cessait d'être inquiétée par les poursuites des jeunes gens que sa beauté avait rendus fous d'amour. Ces adorateurs se plaçaient le soir sur son passage, l'accostaient et la poursuivaient de leurs mots galants. Marianna se débarrassa d'eux en se faisant accompagner chaque soir par Pierre Turpin.

Le Monstre avait voué un culte extraordinaire à son idole, c'est-à-dire à Marianna. Il s'était volontairement chargé de ses commissions ; il lui épargnait mille peines, il s'ingéniait à satisfaire ses plus petits désirs. L'Italienne apprécia les qualités morales de Turpin ; elle apprit à mépriser la clameur publique qui outrageait l'être difforme qui se dévouait pour elle.

La multitude, basse et envieuse, déteste les monstres comme les hommes de génie ; elle voudrait niveler tout ce qui la dépasse ; aussi déverse-t-elle constamment ses sottes insultes et ses calomnies sur les âmes vraiment nobles et supérieures.

Chose étrange ! la laideur et la beauté se réunirent dans un commun amour. La belle Italienne s'était livrée vierge au Monstre. O femme digne d'admiration ! ô femme sublime ! elle avait préféré une mandragore, un misérable avorton, hué et méprisé par tous, à de riches seigneurs qui papillonnaient autour d'elle en lui offrant leur fortune.

Les amants dédaignés par l'Italienne remarquèrent la prédilection qu'elle montrait ouvertement pour le Monstre. Sans aller jusqu'à supposer que Marianna fût devenue la maîtresse de Turpin, — leur amour-propre se révoltait à cette pensée, — ils s'étonnaient beaucoup en apprenant qu'elle se plaçait sous sa sauvegarde ; ils ne concevaient pas qu'une jolie femme s'abaissât au point de le recevoir chez elle. Le Monstre vit surgir des ennemis de tous côtés ; les injures et les coups ne lui manquèrent pas ; mais Marianna était une large compensation à ses tortures. Lorsqu'une plainte amère s'exhalait de son âme, lorsqu'il disait à l'Italienne : « J'ai bien souffert aujourd'hui, Marianna ; j'ai constamment supporté le mépris et l'humiliation, » elle le consolait par de doux mots d'amour. Cette union bizarre entre deux êtres de nature si hétérogène émut le public ; les langues s'exercèrent à ce sujet. On débuta par narguer sans pitié ce pauvre couple d'amoureux qui ne demandaient que le calme et l'oubli ; puis, comme toujours, la médisance dégénéra en calomnie. Les jeunes gens répandirent le bruit que Marianna était atteinte de folie, et les vieilles dévotes, qui n'apercevaient jamais l'Italienne à l'église, soutenaient que le démon l'avait ensorcelée et qu'il lui avait donné *ces étranges goûts*. Au quinzième siècle, notre héroïne eût été infailliblement brûlée sur la place publique. Ces temps où le fanatisme triomphait, ces temps d'ignorance et de barbarie sont heureusement loin de nous. Espérons que quelques imposteurs n'arrêteront pas notre marche vers l'avenir, qui doit montrer la vérité dans toute sa splendeur.

Lorsque Pierre Turpin passait dans la rue, il essuyait un feu roulant d'épigrammes. Marianna, de son côté, était montrée au doigt par les habitants de son quartier.

—Remarquez-vous, disait l'un, cette jeune fille, belle comme une Vierge, qui passe en ce moment devant nous? Eh bien! c'est la maîtresse de l'affreux magot de Turpin, qui gagne sa vie à servir les maçons.

— Bah! vous voulez rire, répondait l'autre.

— Rien n'est plus vrai. Bien plus, elle a envoyé promener de riches prétendants, elle les a dédaignés pour appartenir à ce monstre. Hein? ça ne vous semble-t-il pas extraordinaire?

— Je ne sais que penser, vraiment! Ou elle est folle, ou Turpin est le diable en personne.

— Tenez, tenez, un beau monsieur l'accoste. Il n'y a pas de danger qu'elle lui parle. Bah! elle court comme une gazelle.

Pierre et Marianna méprisaient ces horribles propos; ils n'y répondaient qu'en s'aimant plus encore. N'était-ce pas la meilleure raison qu'ils pussent donner?

Un jour, Max Arivel vit passer devant lui l'Italienne. Il fut frappé de sa beauté. Après avoir pris quelques renseignements sur son compte, il résolut de se rendre à la demeure de Marianna. Justement surnommé Don Juan, car il était passé maître dans l'art de séduire les femmes (art qui, par parenthèse, ne demande que de l'astuce), il ne se fit aucun scrupule de suivre l'ouvrière jusqu'à son quatrième étage. Ce fat, qui avait trôné dans les salons aristocratiques, s'imaginait qu'il n'aurait aucune peine à triompher d'une *vertu de mansarde*. Don Juan oubliait qu'il y a des vertus *réelles* dans les mansardes, tandis qu'il n'en existe que de factices ou de fardées dans les salons.

Max frappa donc à la porte de l'Italienne. Celle-ci attendait Turpin; elle s'imagina que c'était lui qui revenait. Sa surprise fut grande en apercevant devant elle un joli garçon qui la saluait gracieusement.

— Bonjour, chère petite, dit Max d'un ton léger.

— Je ne vous connais pas, monsieur. Quel est le motif qui vous amène chez moi? demanda la jeune fille confuse.

— Belle question! ma foi. N'as-tu pas reçu semblable visite, et ne sais-tu pas, friponne, que ta beauté aimante tous les cœurs? Comment, douée de tant de grâces et d'une beauté si parfaite, as-tu pu te livrer à cet odieux Turpin? La colombe et le hibou doivent-ils rester dans le même nid? Prends ton vol, douce colombe et suis-moi dans une sphère plus élevée.

— Un langage aussi grossier, répliqua Marianna en jetant un regard courroucé à Max Arivel, déshonore l'habit que vous portez. Depuis quand les gens de votre classe prennent-ils la liberté de s'introduire chez les filles du peuple dans le lâche dessein de les insulter?

— Tu veux railler, ma belle? Eh bien, moi, je veux te parler sérieusement. Écoute et réfléchis. Si tu consens à fuir ton hibou, que tu ne peux aimer, malgré toute ta charité d'âme, si tu veux m'appartenir, ta fortune est faite. Au lieu de tirer l'aiguille pendant une journée, tu seras riche, enviée de toutes les femmes du monde, que tu éclipseras par ta beauté! Diras-tu encore que je t'insulte?

— D'abord, dit Marianna, où avez-vous appris que Turpin fût un être affreux, un hibou, enfin? Je déplore que votre mauvaise vue vous abuse à ce point, car Turpin jouit d'un physique aussi agréable que le vôtre, mon beau monsieur. Ensuite, je vous avoue franchement que je préfère gagner honnêtement les quelques sous qui suffisent à mon existence, plutôt que de vous devoir une fortune.

Ces réflexions déconcertèrent Max. Ne connaissant Turpin que par le portrait qu'on lui en avait fait, il craignit qu'on ne l'eût mystifié; afin de ne pas perdre toute contenance, il soutint cependant ce qu'il avait avancé.

— J'entends raillerie, petite, car il te plaît sans doute de plaisanter avec moi, en prétendant que ton amant, *qu'on surnomme le Monstre*, est un type de beauté.

En ce moment Pierre entra. Le séducteur et le Monstre se regardèrent quelques instants. Max Arivel, effrayé de la figure menaçante de Turpin, salua l'Italienne et se retira brusquement.

Quinze jours se passèrent. Pendant ce temps, Don Juan prépara l'infâme machination qui devait lui livrer Marianna.

Jamais une femme du monde ne lui avait opposé autant d'obstacles; sa passion s'était accrue des refus et de la résistance de la jeune fille; aussi il avait juré à ses amis qu'il ravirait à tout prix la maîtresse du Monstre. Max n'attendait plus qu'un instant favorable à l'exécution de son projet. La nuit affreuse du 4 septembre lui parut propice. Il avait gagné le concierge de la maison de Marianna, et deux ennemis acharnés de Turpin s'étaient chargés, moyennant salaire, de le retenir jusqu'au matin.

A minuit, Don Juan entrait chez l'Italienne, qui, fatiguée d'attendre son amant, s'était jetée toute vêtue sur son lit. Une veilleuse éclairait faiblement la chambre. Le bruit que Max fit en ouvrant la porte réveilla la jeune fille. Elle se leva d'un bond et se trouva face à face avec Don Juan. Effrayée, elle voulut appeler à son secours, mais Max ne lui en laissa pas le temps; il se jeta sur elle et la bâillonna. Marianna résista momentanément; ses forces s'affaiblirent dans la lutte. Elle s'évanouit. . . . . . . . . . . . . . . .

. . . . . . . . . . . . . . . . . . . .

Max l'emporta dans ses bras.

L'infâme ravisseur, chargé de son précieux fardeau, fuyait à toutes jambes, car il entendait derrière lui des pas presser ses pas. C'étaient ceux du Monstre, que les maçons, peu fidèles à leur parole, avaient abandonné trop tôt. La pluie battait les pavés; les ténèbres étaient si épaisses qu'on ne voyait rien autour de soi. Haletant de sueur, la rage au cœur, le Monstre courait aussi vite que l'éclair qui le guidait sur la trace du ravisseur de sa belle maîtresse; mais, privé de sa précieuse lumière, il ne tardait pas à s'égarer dans les ténèbres, et l'écho des pas inégaux de Don Juan était le seul guide qui lui restât.

Enfin, comme nous l'avons vu, Max Arivel entra avec Marianna dans la *Chambre infernale*.

— Que diable nous apportes-tu là? demanda Eugène de Maubreuge.

— Mes amis, dit Don Juan, je vous ai juré que j'enlèverais Marianna, la belle Italienne. Ai-je failli à mon serment? libre à vous de l'admirer.

— Elle est morte! s'exclama M. de Tercy, en jetant un regard sur le visage blanc de la jeune fille.

— Évanouie seulement, répondit Max. Je vous la confie; remettez-la aux mains accoutumées. Qu'on lui prodigue des soins.

On transporta l'Italienne dans une salle attenante à celle du festin.

— Je crains, reprit Max, que mes rustres ne m'aient trahi. Pierre Turpin m'a longtemps poursuivi; je n'ai dû mon salut qu'à l'obscurité. Ma foi, je m'applaudis de ma victoire, quoiqu'elle m'ait coûté cher.

— Don Juan! s'écria Eugène de Maubreuge, Don Juan! redoute la vengeance du Monstre; tu lui as enlevé son trésor, prend garde à ton tour qu'il ne t'arrache les entrailles.

— Qu'il vienne! dit Max en ricanant.

Tout à coup la porte de la *Chambre infernale* retentit de coups fortement appliqués.

— A moi! s'écria Max. Secourez-moi, mes amis!

Les débauchés essayèrent de se lever, mais l'ivresse les tint cloués sur leurs sièges. Quelques-uns tombèrent sous la table.

La porte s'ébranla et finit par voler en éclats. Le Monstre, un poignard à la main, parut sur les décombres. Il était effrayant à voir. Ses genoux s'entre-choquaient comme des de squelette, ses yeux de crapaud roulaient avec une vitesse incroyable dans leurs orbites.

Don Juan resta pétrifié de terreur; son cœur battait à rompre sa poitrine. Les assistants, hors d'état de se tenir debout, regardaient tour à tour Max et Turpin d'un œil hébété. Don Juan s'empara d'un poignard. Alors le Monstre reconnut son ennemi, et sa bouche grimaça un sourire qui demandait du sang. Les deux adversaires s'examinèrent quelques instants, puis se ruèrent avec impétuosité l'un sur l'autre. Le poignard de Don Juan effleura l'épaule du Monstre, mais celui-ci enfonça sa lame dans le cœur du débauché, qui chancela et s'abattit aux pieds de son vainqueur.

— Marianna!... Marianna!... hurla le Monstre.

Marianna entendit la voix de son amant; elle se traîna sur les mains jusqu'à lui, et lui dit d'une voix mourante :

— Pierre, venge-moi... Je suis déshonorée!... Adieu... Je meurs...

La tête de Marianna retomba lourde sur le carreau.

Pierre se précipita sur sa maîtresse. Elle était froide comme le marbre. Deux grosses larmes, — les premières et les dernières que le Monstre versa, — coulèrent lentement sur ses joues; il fit entendre un ricanement étrange, chargea la morte sur ses épaules et s'enfuit avec elle. Il était devenu fou. . .

. . . . . . . . . . . . . . . . . . . . . .

Pierre courut toute la nuit comme un forcené! Le matin, les passants jetèrent des cris d'horreur à la vue d'un spectacle effrayant. La tête de Marianna était maculée de sang; ses beaux cheveux flottaient jusqu'à terre, et son corps rebondissait sur les épaules du Monstre, qui fuyait toujours. Un homme vigoureux s'empara de lui.

— Mon poignard! s'écria Turpin. C'est toi! Tu l'as tuée! Je t'ai vengée, Marianna!

On parvint à garrotter le Monstre, et deux agents de police le conduisirent à l'hôpital des fous.


### Le jésuite Travelaut


Depuis la rupture de son mariage, Emma parut chaque jour plus triste et plus pâle. Madame de Valdines gémissait sur la folle passion de sa fille; elle l'engagea à oublier Edouard; elle lui démontra, en lui peignant la désolation de Marguerite, abandonnée, que le fils du menuisier ne méritait aucun attachement sincère, mais elle ne réussit pas à convaincre Emma. La digne mère oubliait que Cupidon est aveugle comme un fanatique, devant lequel les lumières de la vérité passent inaperçues, et que l'amour n'a pas de plus grand ennemi que la raison. Caresses, soins empressés, plaisirs, fêtes, madame de Valdines employa tout en pure perte pour dérider le visage soucieux de sa fille.

Sur ces entrefaites, un nouveau personnage s'introduisit dans la maison de madame de Valdines. C'était un jésuite. Traçons son portrait en quelques mots. Ses cheveux étaient rares et courts, son large front ne manquait pas d'une certaine majesté; de gros sourcils cachaient presque entièrement ses yeux gris; un nez aquilin et une grande bouche complétaient son faciès. Sur son visage, d'une mobilité surprenante, car il se décomposait cinq ou six fois par jour, suivant les circonstances, se peignaient tour à tour la cruauté, la ruse et l'amour de la débauche. Sans cette dernière passion, qui l'entraînait parfois loin de son but, le jésuite Travelaut eût été le plus habile fripon de sa compagnie.

La doctrine du jésuitisme a pour morale : *La fin justifie les moyens*. Depuis la naissance de leur société, les Jésuites se sont appliqués à faire le mal; un pays n'a pas suffi à leur insatiable ambition, ils les ont tous envahis, sous prétexte de répandre la foi chrétienne, et en réalité pour spolier les peuples et s'enrichir à leurs dépens. Calomnies, ruses, impostures, violences, cruautés, tous ces crimes, qui leur ont paru légitimes, ont contribué à les enrichir. Au reste, leur *livre de morale* (car ils ne se sont pas contentés de la pratique, ils ont osé établir une infâme théorie), le *Compendium* justifie l'adultère, l'inceste, le vol, le meurtre, etc. Un honnête pape, Clément XIV, les a condamnés, et ils l'ont empoisonné. Expulsés de France et de Chine, flétris par les hommes de génie, par Pascal, Molière et Voltaire, méprisés de tous les honnêtes gens, ils n'en continuent pas moins leur œuvre de destruction. Possesseurs d'immenses propriétés, ayant à leur service : le confessionnal, la chaire, la presse, l'argent et leur hypocrisie, ils ourdissent sans cesse au milieu de nous des complots contre le repos de la société.

Travelaut sut se concilier, grâce à son air patelin et à ses paroles hypocrites, l'estime et la bienveillance de madame de Valdines. Il s'impatronisa dans la maison, et ne tarda pas à s'immiscer aux affaires de la famille. Il avait conçu l'infernal dessein de s'emparer, par tous les moyens imaginables, des biens de madame Valdines. Dès qu'il connut la cause de la tristesse d'Emma et la désolation de sa mère, son plan fut arrêté. Le voici :

*Renfermer Emma dans un couvent, et amener madame de Valdines, privée de son unique héritière, à signer un testament en faveur de la Compagnie de Jésus.*

Rien n'est plus simple, n'est-ce pas?

Le jésuite se mit à l'œuvre. Il entreprit de calmer mademoiselle Emma par ses pieuses exhortations. Madame de Valdines, sérieusement alarmée de l'état de sa fille, se confia pleinement aux promesses fallacieuses de Travelaut. Afin d'inculquer à Emma des idées de retraite et de séquestration, le jésuite s'efforça d'anéantir l'amour qu'elle ressentait pour Edouard, mais la jeune fille ne se plia pas à ce raisonnement. Il fut forcé de recourir à l'influence de madame de Valdines.

— Madame, dit-il à la mère d'Emma, votre fille ne goûtera jamais dans le monde le calme de l'âme et le repos de l'esprit.

— Prétendriez-vous en faire une religieuse?

— Il ne nous reste plus que ce moyen. Elle sera sauvée le jour où les portes du couvent se refermeront sur elle. Entourée de saintes et pures compagnes, sa passion terrestre se métamorphosera en un amour divin. Elle se consacrera entièrement à Dieu, désormais son unique pensée.

— Je ne puis me séparer de ma fille.

— Songez que sa vie est en danger. D'ailleurs, vous la verriez de temps en temps.

— Il faut, avant tout, que cette idée lui sourie; je ne veux pas la contrarier dans ses désirs.

— Engagez-la à suivre mes bons conseils, appuyez-moi de vos forces, et le succès couronnera notre tentative. Si mademoiselle votre fille ne se retire pas au couvent, une maladie de langueur l'emportera bientôt dans la tombe. Je me consacre entièrement à vos intérêts; c'est pourquoi je vous avertis de cet imminent danger.

Secondé par madame de Valdines, Travelaut marcha avec plus de confiance et de sûreté. Il dit à Emma que son devoir lui commandait d'abandonner un époux terrestre pour Jésus-Christ, le divin époux; il lui peignit le couvent comme le refuge des cœurs délaissés, ayant soin toutefois de passer sous silence les austérités du cloître. Emma, pressée de toutes parts, et par les sollicitations de sa mère, et par celles du jésuite, ne refusa ni n'accepta la proposition qui lui fut faite. Travelaut eût infailliblement réussi, si son fatal vice n'eût entravé son succès ébauché. Sa passion se réveilla devant la beauté de la jeune fille, avec laquelle il restait seul pendant des heures entières. Quand, par malheur, il touchait la main ou le vêtement d'Emma, un frissonnement parcourait son corps, son œil gris s'allumait d'un vif éclat. La luxure et l'avidité du gain dévoraient alors l'âme du jésuite. Ces deux passions que la jeune fille mettait en jeu, se livraient un combat acharné, jusqu'à ce que l'une des deux fût anéantie. Pendant cette lutte intérieure, la figure de Travelaut empruntait tour à tour l'expression d'un révoltant cynisme et le masque d'hypocrisie qui couvre habituellement la face d'un jésuite.

Enfin Travelaut parvint à dompter son brutal amour, et mademoiselle Emma se laissa convaincre par ses perfides conseils; seulement elle mit dans ses conventions qu'elle reverrait encore une fois le monde avant de se retirer au couvent, qu'elle ferait un adieu éternel aux joies profanes de la terre. C'était une fantaisie, un caprice de jeune fille qu'il fallut bien satisfaire. Madame de Valdines, qui avait reçu une invitation pour le bal de M. Z..., y conduisit sa fille. Emma voulait quitter le monde en reine. A cet effet, elle avait revêtu sa plus belle robe et s'était parée de ses plus beaux bijoux pour *sa dernière fête*. Une animation fébrile, qui colorait légèrement ses joues, rehaussait encore l'éclat de ses charmes ; aussi, lorsqu'elle se présenta au bal, tous les jeunes gens la saluèrent comme une reine, et toutes les femmes s'inclinèrent respectueusement devant leur souveraine. Aux admirations, aux éloges qu'on lui prodiguait, la jeune fille répondait par un sourire amer, qui semblait dire : « C'est la dernière fois que je brille ! demain je serai morte au monde ; j'aurai pour linceul un vêtement sévère qui cachera mes bijoux, ma grâce et ma beauté. Demain, mon âme, qui s'élancerait avec tant d'ardeur vers les sublimes régions de l'amour, sera comprimée et resserrée entre quatre murs froids et symétriques comme les planches d'un cercueil. C'est la dernière fois que je brille ! »

Travelaut, à l'aide d'un faux nom et d'un déguisement bourgeois, s'était rendu secrètement au bal de M. Z... La réussite de ses projets dépendait de cette soirée. Il ne perdait pas de vue la jeune fille. Cependant Emma, prise de vertige, disparut dans une valse. Ses pieds effleuraient à peine le parquet, et son frêle corps tourna de manière à se rendre imperceptible aux yeux gris du jésuite.

Haletante et fatiguée, Emma revenait près de sa mère, quand elle aperçut devant elle Edouard et M. de Tercy. Elle s'arrêta aussitôt. A la vue de la jeune fille, que l'émotion rendait sublime de beauté, Edouard sentit renaître son amour. Il quitta M. de Tercy.

— Emma, lui dit-il, je ne vous ai point oubliée.

Ces paroles, prononcées avec un accent passionné, troublèrent Emma ; son cœur battait violemment. Un nuage passa devant ses yeux ; ses forces, déjà épuisées par la fatigue, l'abandonnaient ; elle était près de défaillir. Alors un homme à sinistre figure, qui, toute la soirée, avait excité la curiosité des invités, enlaça la jeune fille dans ses bras, et la transporta hors du bal, au grand étonnement des spectateurs émus par cette scène étrange.

C'était le jésuite.

Une voix lugubre murmura ces mots menaçants à l'oreille de madame de Valdines : *Voilà les premiers effets de ma vengeance !*

Le lendemain du bal, Emma déclara formellement à Travelaut qu'elle ne voulait plus entrer au couvent. Cette fatale rencontre venait de détruire l'échafaudage édifié par le jésuite. Cet échec ne le découragea cependant pas. Le jésuite est de nature essentiellement tenace, il ne se déconcerte jamais : chassez-le par la porte, il reviendra par la fenêtre. C'est un véritable Protée. Il prend toutes les formes et emploie mille et un détours pour arriver à son but. Défait sur un point, Travelaut combina un autre plan d'attaque plus audacieux que le précédent. Il voulait que la honte et le déshonneur contraignissent la fille de madame de Valdines à se renfermer dans un couvent !...

Je définis l'homme : *Un être étrange et bizarre*. Exemple : Edouard ne songeait nullement à mademoiselle Emma, il la rencontre par hasard au bal, et il en devient subitement amoureux. M. de Tercy conseilla à son élève de rendre une visite à madame de Valdines. Edouard lui obéit, mais il ne tarda pas à s'en repentir. La femme qui l'avait si longtemps protégé lui fit un mauvais accueil.

— Madame, dit Edouard, je viens implorer mon pardon. Ne vous étonnez pas de cette démarche, elle a été déterminée par le sincère amour que je ressens pour Emma.

— Sans doute il vous plairait que je consentisse à ce que ma fille partageât le sort de Marguerite ?

— Toujours cette faute !

— Toujours ce crime !

— Oh ! madame, n'endurcissez pas votre cœur. Ecoutez ma prière. Une conduite irréprochable effacera mon crime. Ne me repoussez pas, car, dans mon désespoir, je me tuerais à l'instant.

— La mort est préférable à une vie sans honneur, répondit sévèrement madame de Valdines.

— Adieu pour la vie, madame !

— Adieu, monsieur.

Edouard, la rage et le désespoir dans l'âme, se précipita hors de l'appartement de madame de Valdines. La colère qui l'animait imprimait à sa marche un mouvement d'oscillation. Travelaut, qui le suivait, eut de la peine à l'atteindre.

— Arrêtez-vous ! arrêtez-vous, jeune homme.

A cette apostrophe, Edouard se retourna vivement.

— De quel droit m'interpellez-vous ? je ne vous connais pas.

— Sachez, jeune homme, que ma religion m'ordonne de soulager les maux de mes semblables. Je souffre de vous voir dans ce malheureux état d'irritation. Je veux vous rendre service.

— En quoi pouvez-vous m'être utile ?

— Vous allez le savoir. Madame de Valdines ne vous a pas permis de parler à la jeune fille que vous aimez, n'est-ce pas ?

— Elle a été inflexible. Je suis désespéré.

— L'homme adroit ne désespère jamais. La constance n'est-elle pas le secret de la prospérité ? Par exemple, si je vous proposais non-seulement d'être l'interprète de vos sentiments auprès de mademoiselle de Valdines, mais encore de lui porter une lettre que vous lui écririez de suite ?

— Oh ! monsieur, tout mon sang ne payerait pas un pareil service.

— Notez bien, jeune homme, que je m'offre à vous servir, parce que je suis bien convaincu de la réalité de votre amour. Puisque vous n'avez pas l'intention de trahir cette jeune fille, je me croirais coupable en vous refusant mon appui. Tenez, entrons dans cet établissement ; là, vous écrirez une lettre que je communiquerai à mademoiselle de Valdines.

Le jésuite remit la lettre d'Edouard entre les mains de la jeune fille, en lui disant :

— Ma chère demoiselle, un jeune homme, que je ne connais point, m'a abordé en me suppliant de vous apporter cette lettre. Je n'ai pas osé lui refuser ce qu'il demandait avec tant d'instances. J'assume sur ma tête la responsabilité de mon action. Prenez garde que votre mère ne vous surprenne à la lire.

Edouard écrivit de nouvelles lettres passionnées, qui agirent fortement sur l'esprit de la jeune fille. Tandis que l'infâme Travelaut insinuait à madame de Valdines que sa fille, docile à ses instructions quotidiennes, oubliait Edouard, il alimentait ainsi l'amour qui enflammait le cœur d'Emma. Toutes deux, la femme expérimentée et la jeune fille qui entrait dans la vie, s'abandonnaient à Travelaut, qui les trahissait. Bientôt le jésuite plaida verbalement pour Edouard ; il peignit la douleur et le désespoir de l'amant malheureux. La jeune fille exaltée lui répondit :

— Edouard ne sait-il pas que mon âme lui appartient ? Si ma mère ne s'y opposait pas, avec quel plaisir je volerais au-devant lui ! Essayons de la fléchir, mon père.

— N'y songez pas, ma fille ; madame de Valdines est implacable. Justement irritée contre le pauvre Edouard, elle n'accéderait pas à vos prières. Au contraire, dans l'intérêt de votre amour, je vous conseille de lui cacher vos sentiments. Espérez dans la miséricorde infinie de Dieu, ma fille.

Travelaut crut le moment favorable pour frapper le grand coup. Il dicta lui-même cette lettre à Edouard :

« Chère Emma,

» Je ne puis rester plus longtemps éloigné de toi. Si ton cœur bat à l'égal du mien, juge quel supplice on m'a infligé en me faisant la défense injuste autant que cruelle de te voir. Je te le jure, Emma, ma vie t'appartient tout entière. J'ose espérer que tu répondras à cet amour par un sacrifice qui te rendra la plus chère des amantes. Demain, si tu le veux, nous serons réunis à jamais ; une joie sans fin succédera à nos souffrances. De concert avec *notre protecteur*, je t'enlèverai au milieu de la nuit ; une lettre rassurerait madame de Valdines à ton égard. Si tu me désespérais par un refus, j'irais chercher dans la mort un refuge aux maux cruels qui m'accablent ici-bas.

» Amour et espérance.

» Édouard Ménans. »

Après la lecture de cette lettre, Emma resta indécise. Sans doute elle désirait ardemment revoir son amant, mais elle ne parvenait pas à vaincre ses scrupules à l'endroit de sa mère, qui la chérissait et qu'elle laisserait seule en la quittant. Elle confia son embarras au jésuite.

— Mon père, dit Emma, Édouard me fait une coupable proposition : il me menace de se détruire si je ne consens à abandonner ma mère. Il ajoute que vous protégeriez mon évasion. Conseillez-moi, mon père, je me conformerai à vos ordres.

— Ma fille, répondit hypocritement le jésuite, toute ma sagesse est nécessaire pour vous conseiller dans un cas aussi grave que celui que vous me soumettez. Votre santé s'altère de jour en jour, une maladie de langueur peut vous conduire au tombeau. En vous ordonnant d'aimer et d'honorer vos père et mère, Dieu ne vous a pas dit que, pour complaire à vos parents, il fallait que vous fissiez le sacrifice de votre vie. Conséquemment, vous ne péchez nullement en abandonnant votre mère, car vous sauvez votre existence en danger. Dieu vous absout par ma bouche.

— Ainsi, mon père, vous me permettez d'accorder un plein consentement à ce qu'Édouard me demande. Je ne suis pas coupable...

— Aucunement, ma fille. Vous devez veiller sur votre vie, sous peine de vous rendre coupable d'un suicide. Je vais vous rassurer, je vous promets mon concours pour vous soustraire à la tyrannie de votre mère.

— O mon père ! que de bonté...

— Tenez-vous prête ce soir au premier signal. Vous vous jetterez habillée sur votre lit. Accompagné d'Édouard, je viendrai vous chercher à minuit précis. Ne craignez aucun accident, ma fille, je veillerai à tous les préparatifs.

— A minuit, mon père, je serai prête.

— A minuit, ma fille.

Travelaut avait gagné un domestique de la maison de madame de Valdines. Lorsque sa maîtresse fut profondément endormie, le valet ouvrit la porte au jésuite. Celui-ci se rendit aussitôt dans la chambre d'Emma. La jeune fille était tremblante, presque indécise. Il fallut la présence de l'homme qui exerçait sur elle une si funeste influence et qui lui inspirait une confiance aveugle, pour qu'elle se décidât à fuir. Revêtue d'une longue pelisse, Emma suivit le jésuite. Édouard les attendait dans une voiture. La jeune fille était à peine entrée dans le véhicule, que deux bras amoureux l'étreignirent aussitôt. Travelaut indiqua le lieu d'arrêt au cocher, et les chevaux partirent au galop.

— Ma partie est à peu près gagnée, dit le jésuite en regardant s'éloigner l'équipage qui emportait les deux amants.

Huit heures après cet événement, madame de Valdines lisait la lettre de sa fille, qui lui racontait elle-même son enlèvement. Emma ne parlait en aucune manière de Travelaut, sous les yeux duquel elle avait écrit sa lettre d'adieu. Nous renonçons à peindre la douloureuse stupéfaction de la pauvre mère. En effet, le jésuite ne lui avait-il pas dit qu'Emma, docile à ses conseils, ne tarderait pas à entrer au couvent. Qui l'avait donc déterminer à cette fuite extraordinaire ? Madame de Valdines se trouvait dans cette prostration morale qu'un grand malheur laisse habituellement après lui, lorsque Travelaut entra.

— Ah ! mon Dieu, s'écria-t-il, que se passe-t-il donc ? Ma chère madame, quelle est la cause de votre abattement ?

— La douleur m'accable. Ma fille... ma fille a fui cette nuit avec son amant. Mes domestiques prétendent n'avoir entendu aucun bruit. Cette action indigne m'étonne d'autant plus de la part d'Emma, que vous m'avez assuré qu'elle ne songeait

plus qu'à Dieu. Vos paroles ne concordent nullement avec sa conduite.

— Vous me voyez abasourdi par cette nouvelle. Qui aurait soupçonné une pareille perfidie ? Emma m'a joué comme vous, madame, en signant un pacte avec le diable. Au moment où je faisais rentrer la brebis au bercail est survenu le loup qui l'a emportée. Mais comment avez-vous appris sa fuite ?

— Par cette lettre. Tenez, lisez plutôt.

En parcourant la lettre qu'il avait lui-même dictée, le jésuite lançait des exclamations de surprise et d'étonnement.

— Ah ! Jésus ! Quelle audace ! Quelle perfidie ! Est-ce possible ? Maudissez, madame, maudissez une fille ingrate.

— En ai-je la force ? malgré son crime, je l'aime encore. Dieu m'a frappée dans ma seule affection.

— Rassurez-vous, madame ; je me consacre désormais à la recherche de votre enfant ; je ne prendrai du repos que lorsque je l'aurai ramenée auprès de vous.

— Ramenez-moi ma fille chérie, dit madame de Valdines exaltée, et ma fortune vous appartient.

— Comptez sur moi, madame.

Les jeunes amoureux, retirés dans un quartier désert, passaient des jours délicieux dans leur charmante retraite. Un doux sentiment enflammait leur cœur ; aucune querelle, aucune contrariété ne venait troubler leur félicité. Le jésuite les visitait souvent. Tout en les exhortant à rester éternellement unis, son œil gris cherchait sur les visages des amoureux un indice de dégoût ou de mécontentement. Travelaut ne comptait pas sur la fidélité d'Édouard ; il s'était imaginé que le jeune homme délaisserait bientôt son amante. Afin de hâter le dénoûment, il jeta dans le ménage improvisé les ferments de discorde que son esprit de jésuite lui fournit ; néanmoins ses tentatives ne furent pas couronnées de succès. Il attendit, sachant bien que le temps, — comme le flux et le reflux des flots qui finissent par user la pierre attachée au rivage, — détruit les sentiments les plus forts. En effet, l'amour qui avait uni les jeunes gens diminuait de jour en jour. De plus, Travelaut découvrit dans le cœur d'Édouard un levain de jalousie ; il résolut de mettre en jeu cette passion pour opérer la rupture des amoureux. Lorsqu'il se trouvait seul avec le jeune homme, il jetait le doute dans son esprit à l'aide d'un mot ou d'une réticence. Pourtant Édouard ne parlait pas de séparation. Le jésuite impatienté arriva à ses fins en se servant d'une horrible calomnie.

Il simula l'écriture d'Emma et écrivit une lettre dans laquelle la jeune fille donnait un rendez-vous à un ami d'Édouard qui venait le voir dans sa retraite, le suppliant de la ravir à l'ennui qu'elle éprouvait à demeurer avec son amant. Travelaut eut l'audace de conter à Édouard qu'Emma l'avait chargé de cette missive, mais qu'il avait cru de son devoir de l'en avertir. Le jeune homme tomba dans le piége. Outré d'une pareille conduite, sa jalousie lui inspira l'idée d'une cruelle vengeance. Il quitta secrètement la jeune fille, lui expliquant sa conduite par ces quelques mots :

« Mademoiselle,

» Je ne savais pas cohabiter avec une fille perdue. Adieu pour la vie. »

Travelaut triomphait. Lorsqu'il revint à la demeure des fugitifs, Emma avait déjà appris la fatale nouvelle. Son visage était inondé de larmes.

— Ah ! — s'exclama le jésuite avec satisfaction, en voyant la désolation d'Emma, — jeune fille rebelle, il a fallu que je te frappasse comme un fer rouge entre l'enclume et le marteau pour te façonner à ma guise ; il a fallu que je t'infligeasse la misère et le déshonneur pour que tu m'obéisses aveuglément. Maintenant je suis ton maître !

— Mon père ! dit Emma en sanglotant, vous avez devant les yeux une malheureuse fille abandonnée et insultée par son amant.

— L'infâme! répondit le jésuite.

— Dieu me punit aujourd'hui de ma faute, car l'indulgence avec laquelle vous avez jugé mon crime n'a pas empêché le remords de déchirer mon cœur. Plaignez-moi, mon père. Aucun être au monde ne s'intéresse plus à la pauvre Emma.

— Vous m'oubliez, ma fille.

— Mon père, je suis déshonorée! Que vais-je devenir?

— Ma fille, il est des lieux de retraite qui abritent les âmes des pécheurs et des pécheresses qui veulent se purifier par le repentir. D'ailleurs, j'implorerai le pardon de votre mère.

Emma, guidée par un vif élan de reconnaissance, se précipita dans les bras de Travelaut. Une idée lubrique traversa le cerveau du jésuite; il imprima un baiser brûlant sur le pâle front de la jeune fille qu'il tenait pressée sur sa poitrine.

. . . . . . . . . . . . . . . . . . . .

. . . . . . . . . . . . . . . . . . . .

Travelaut annonça à madame de Valdines que grâce à ses nombreuses et actives recherches, il avait enfin découvert la trace des fugitifs, puis il ramena la jeune fille chez sa mère. Madame de Valdines eût été au comble de la joie, si elle n'eût remarqué l'altération des traits de sa fille. Le caractère d'Emma avait subi un complet changement; son cœur était glacé comme son visage. Les larmes devaient consumer les jours qui lui restaient à vivre. Peu de temps après sa rentrée chez sa mère, les lourdes portes du couvent de Saint-R... se refermaient sur mademoiselle Emma de Valdines.

*Renfermer Emma dans un couvent, et amener madame de Valdines, privée de son unique héritière, à signer un testament en faveur de la compagnie de Jésus.*

— Je vous dois tout, dit un jour madame de Valdines à Travelaut. Sans vous, ma fille serait morte loin de moi, accablée de honte et de douleur. Je veux satisfaire vos désirs; je veux que ma reconnaissance égale votre dévouement.

Madame, répondit le jésuite, mes actions n'ont jamais été déterminées par l'appât d'une récompense; aussi ai-je constamment refusé les dons que des personnes recommandables m'offraient en récompense des services que je leur avais rendus. Pourtant, madame, si vous teniez à me témoigner votre gratitude...

Le jésuite hésita.

— Parlez sans crainte. Je vous accorde d'avance ce que vous me demanderez.

— Eh bien! madame, léguez vos biens à l'honorable compagnie à laquelle j'appartiens. Loin de moi l'égoïsme, je ne me dévoue que pour mes frères. Aucun obstacle ne s'oppose à ce que je vous demande. Votre fille est heureuse au couvent de Saint-R..., et il ne vous reste plus que des parents très-éloignés, que vous connaissez à peine.

— Je souscris à votre proposition, quoiqu'il me semble étrange que vous préfériez un legs général à une offre personnelle. Je ne mets qu'une condition à mon consentement, c'est que vous surveillerez, toute votre vie, ma fille Emma.

— Je vous le jure, madame.

— C'est bien.

Madame de Valdines signa un testament par lequel elle concédait tous ses biens aux Jésuites!

Travelaut se retira triomphant.

Un beau dimanche, Édouard et M. de Tercy entrèrent par hasard dans une église. Le jésuite prêchait. Autour de sa chaire se pressait une foule avide de l'entendre.

« O mes frères, s'écria Travelaut emporté par une sainte ardeur! gagnez la vie éternelle en méprisant les richesses passagères, en vous détachant des terrestres biens. Notre Seigneur fut pauvre toute sa vie. Imitez ses ministres... »

— Tu es un lâche imposteur! interrompit une voix partie du milieu de la foule.

Toutes les têtes se retournèrent, mais on ne put reconnaître le coupable.

A cette véhémente apostrophe, le jésuite, qui reconnut la voix d'Édouard, devint pâle comme un mort. Il dit aux fidèles:

« Mes frères, la voix du démon a retenti dans ce saint lieu. Prions Dieu qu'il nous délivre de l'Esprit du mal. »

Les dévotes s'agenouillèrent et les curieux s'amusèrent de cet incident.

— J'étouffe ici, dit Édouard à M. de Tercy; sortons à l'instant.

En traversant la nef, Édouard remarqua le visage d'une jeune religieuse. Un souvenir frappa son imagination.

— Emma! c'est elle! murmura-t-il.

Les yeux de la jeune religieuse se portèrent sur Édouard. Elle jeta un petit cri; son livre de prières s'échappa de ses mains et elle tomba évanouie entre les bras d'une de ses compagnes.

Lorsque Édouard fut sorti de l'église, il se frappa la poitrine en s'écriant:

— Misérable! devais-je prêter l'oreille à une honteuse calomnie! devais-je délaisser une jeune fille qui n'était coupable que de trop m'aimer! Pauvre Emma, ange de vertu! pardonne-moi mes lâches insultes. Je me perds dans le dédale des infamies et des cruautés de cet exécrable jésuite.

— Je ne vous ai raconté que l'intrigue de cette comédie, dit M. de Tercy; voici le dénoûment de la pièce.

— Que voulez-vous dire? ce corbillard...

— Ce corbillard conduit le corps de madame de Valdines au cimetière.

— Se peut-il? madame de Valdines...

— Morte, vous dis-je, morte empoisonnée par le jésuite!

— Infamie! mais le but, le but de tant de crimes?

— Vous ne l'entrevoyez pas! Écoutez-moi. Dès qu'Emma fut entrée au couvent, sa mère signa un testament en faveur des Jésuites. C'était sa mort qu'elle signait. Madame de Valdines n'avait pas longtemps à vivre, mais le jésuite jugea à propos de l'empoisonner, afin que sa compagnie entrât plus tôt en jouissance de tous ses biens. Il faut qu'il s'y soit pris bien adroitement, car nul soupçon ne plane sur lui. Une accusation dirigée contre Travelaut serait ridicule à présent.

— Qui vous a donc dévoilé toutes ces infamies? demanda Édouard.

— C'est mon secret, répondit M. de Tercy.

Le jeune homme fut épouvanté d'un crime poursuivi et exécuté avec tant d'audace. Morne et abattu, il suivit jusqu'au cimetière le cercueil de madame de Valdines.

### Le réveil du débauché

La claustration d'Emma et la mort de madame de Valdines assombrirent l'esprit d'Édouard. Il chercha des distractions dans les fêtes et dans les débauches; mais, dégoûté de tous les plaisirs, il dit un jour à M. de Tercy:

— Misérable sort que le mien! Je cherche vainement un remède à l'ennui qui a couvert d'un voile noir l'horizon de ma vie. Où avez-vous fui, belles illusions qui souriez à mon enfance? Où es-tu, étincelante fée, qui berças ma jeunesse par des rêves mensongers, qui stimulas mon imagination par la splendide peinture du luxe des villes et des grandeurs de la civilisation? Fou, trois fois fou! je me suis laissé abuser par vos riantes promesses. Au milieu du luxe des villes et des concerts du plaisir, j'ai entendu les hurlements et le râle de la faim. Dans ces salons magnifiques où mon orgueil rêvait un trône, je n'y ai vu que d'ineptes grimaciers et d'épais bouffons, je n'y ai côtoyé que la sottise et la vanité. J'ai bu à la coupe de la débauche, je me suis abandonné à la lourde ivresse des sens, à cette ivresse qui rend l'homme semblable à la brute. Ne me suis-je pas follement énamouré de ces femmes sans âme et sans cœur, qui se vendent comme de viles esclaves ou comme les prostituées qu'elles couvrent de leur mépris, de ces femmes qui n'ont de sourire que pour l'argent? De ces mensonges éclatants je n'ai récolté que l'ennui, l'ennui, le réveil du débauché. Anathème sur toi, Albert Rochefeuille, qui m'as entraîné dans cette voie fatale en me familiarisant avec le vice! « La vertu n'appartient qu'aux niais, m'as-tu dit; vois comme le vice marche la tête levée. » Mais, satanique raisonneur, au lieu de me pousser sur la pente rapide du mal, que ne m'as-tu montré le calme, la douce tranquillité de l'homme vertueux, à côté du cœur aride et gangrené de l'homme vicieux?

Et, ce disant, Édouard jetait des regards de colère sur M. de Terey.

— Ingrat, lui répondit celui-ci, tu oublies que tu te trouvais sans pain, sans feu ni lieu, lorsque je t'ai pris sous ma protection. Ma sollicitude envers toi ne s'est pas ralentie un seul instant. Non-seulement je t'ai secouru, mais encore j'ai donné une large satisfaction à tes désirs. Tu as eu des amis, des maîtresses et des jeux. Aujourd'hui tu m'adresses des reproches, parce que j'ai soufflé sur tes champêtres illusions. Je ne devais pas t'enseigner la science de la vie, ni t'apprendre à connaître les marionnettes qui s'agitent autour de toi. Aussi bien, jeune sage, je suis charmé de te voir dans de pareilles dispositions. Ta vertu arrive à propos, elle te servira. Adieu les salons resplendissants, où l'on ne rencontre que des sots et des vaniteux; adieu les femmes qui n'ont de sourires que pour l'argent; adieu les coupes des débauchés! Tu vas connaître la Misère au front hâve et aux yeux hagards. Ah! ah! il vous faudra de la vertu, mon maître; je vous conseille de l'appeler à votre secours.

— Qu'est-ce à dire?

— Peu d'instants avant que vous vinssiez, deux hommes attachés à la police suivaient mes pas dans la rue. Je ne puis leur échapper, car ils entourent la maison.

— Pour quel motif vous poursuit-on? Que signifie...

— Cela signifie que je suis un faussaire! voilà le secret de notre richesse.

— Infâme, tu ne m'as rien épargné, pas même le déshonneur. Vienne la mort, je ne la crains plus.

Édouard désespéré tomba sur une chaise.

— Enfin, lui dit M. de Terey, ne t'afflige pas. Tu as partagé ma fortune mal acquise, il est vrai, mais tu n'hériteras pas de mon malheur. Je suis le seul coupable, entends-tu. Fuis, il en est encore temps.

— Ainsi, vous allez vous livrer entre les mains de vos juges?

— Insolent! me prends-tu pour un lâche? J'ai vu l'honnête homme décrié se courber devant le fripon qui jouissait d'une brillante réputation. Entraîné par cet exemple et par une invincible fatalité, j'ai fait le mal; mais je suis assez fort pour me rendre justice. Je ne suis point encore dégradé au point d'attendre que les hommes me frappent. Vois ce pistolet, Édouard, c'est lui qui doit me délivrer des maux de la vie.

— Un suicide?

— Cela t'épouvante?

— Ne vous reste-t-il nul espoir de salut?

— Je n'ai jamais reculé devant le danger, et je ne démentirai pas mon courage aujourd'hui. La dernière heure de ma vie vient de sonner, te dis-je!

— Une fuite prompte vous déroberait aux recherches de la justice.

— J'entends des pas dans l'escalier, dit M. de Terey inquiet; tu ne peux sans danger rester plus longtemps avec moi.

Édouard, touché de la générosité de cet homme, lui pressa la main en disant :

— Adieu, Albert Rochefeuille.

— Adieu, Édouard.

Le jeune homme s'élança hors de la chambre. Il avait à peine mis le pied sur l'escalier qu'il entendit la détonation d'un pistolet.

M. de Terey s'était fait justice. Lorsque les agents de police entrèrent dans sa chambre, ils reculèrent devant son cadavre sanglant.

## L'honnête homme

Édouard, privé tout à coup de ses ressources par la terrible mort de M. de Terey, alla frapper à la porte de ses nombreux amis; mais tous ses prétendus amis lui refusèrent des secours en alléguant des prétextes plus ou moins plausibles. Il tomba dans un complet dénûment. C'est alors que les tristes pensées l'assiégèrent en foule.

Le physique influe plus qu'on ne le pense sur le moral. Les événements de la vie ne déterminent-ils pas nos réflexions? Par exemple, celui qui aura été dupé dans son premier amour par une coquette jugera autrement les femmes que celui qui aura rencontré une jeune fille vertueuse. Un être maladif n'aura certes pas les mêmes idées qu'un être en bonne santé. Que de gens, à qui l'adversité avait donné du bon sens, sont devenus des sots bouffis d'orgueil dans la prospérité!

Avant que le malheur eût enfoncé son aiguillon dans la chair d'Édouard, aucune pensée sérieuse n'avait illuminé son cerveau. N'ayant pas étudié le cœur humain, il s'était fié à de puériles démonstrations, à de captieuses promesses. Dieu le frappe, et il devient homme; il pense, car il reste seul.

Le plaisir se partage, mais la peine jamais. Oh! si vous ressentez quelque grande douleur, ne la montrez à qui que ce soit, vous ne trouveriez pour toute consolation que des indifférents qui sembleraient vous plaindre et qui riraient sous cape de vos tortures. Infortunés, tous tant que vous êtes, étouffez, s'il se peut, le cri de vos souffrances, car nulle part vous ne serez accueillis. L'enfance est le songe de la vie. Ovide a beau dire au collège : *Tant que tu seras heureux, tu compteras beaucoup d'amis; mais si des temps orageux surviennent, tu resteras seul : solus eris*, on n'y prête aucune attention. Il faut nécessairement que l'expérience vous fasse sentir la sagesse de ces paroles. Ah! c'est une science bien légère que la science des livres, du moins elle ne suffit pas. L'homme qui a feuilleté le livre de la vie, et qui en a marqué chaque page de son sang ou de ses larmes, est bien autrement fort que le pédant rassasié de rhétorique; en un mot, souffrir c'est savoir.

Accablé par l'infortune, sans but, sans espoir, Édouard parcourait machinalement les rues de Paris; il s'indignait seulement à ce révoltant contraste de l'opulence et de la misère. Ne voyait-il pas passer devant lui deux représentants d'une société bâtarde : le paria, pâle de faim, marchant la tête baissée, et le riche, suant la vie et la santé.

— O justice humaine! s'écria Édouard, voilà de tes coups. A l'un, tous les plaisirs; à l'autre, toutes les peines; à celui-ci, tous les honneurs; à celui-là, toutes les hontes!

En ce moment, un homme pauvrement vêtu vint se placer devant Édouard. Le jeune homme reconnut M. Vilmar. La noble expression de sa figure contrastait singulièrement avec la détresse de sa position.

M. Vilmar ne se ressouvint pas des traits d'Édouard.

— Vous paraissez abattu, lui dit-il; puis-je vous secourir? je vous suis tout dévoué.

— Oh! merci, monsieur. Voilà deux jours que je n'ai entendu résonner de si douces paroles à mon oreille. J'avais tort de mépriser les hommes. Le cœur ne bat plus sous les oripeaux du riche, mais il bat encore sous les haillons du pauvre!

— Venez, il faut que vous vous restauriez à l'instant.

— Me reconnaissez-vous, monsieur? dit Édouard.

— Je ne pense pas vous avoir jamais vu.

— N'êtes-vous pas M. Vilmar?

— Vous vous trompez; on me nomme Boudant.

— Vous avez sans doute pris ce nom de M. Boudant parce que vous n'avez pas voulu que vos compagnons d'infortune apprissent qu'ils avaient un notaire dans leurs rangs. Ne craignez pas de m'avouer qui vous êtes. Bien loin de dégrader l'homme, le malheur l'ennoblit.

— En effet, monsieur, ces haillons couvrent un notaire. Ne vous connaissant pas, j'hésitais à vous le dire.

— Avez-vous souvenance de la nuit où vous montâtes en diligence?

— Oui, c'était aux environs d'Orléans.

— Vous fûtes admis dans l'intérieur d'une diligence, et vous confiâtes l'histoire de votre vie à madame de Valdines et à M. de Tercy. Pendant que vous parliez, un jeune homme, placé en face de vous, vous écoutait d'un air distrait.

— Ce jeune homme se nommait Édouard ? je crois.

— Précisément.

— Serait-ce vous ?

— Les desseins de Dieu sont impénétrables. Qui aurait pensé alors que nous nous rencontrerions un jour dans les rues de Paris, tous deux déshérités du sort.

— Nous sommes frères par le malheur, dit M. Vilmar, en pressant affectueusement la main du jeune homme. Donnez-moi donc des nouvelles de madame de Valdines ?

— Madame de Valdines ?

— Vous hésitez, vous craignez de répondre.

— Madame de Valdines a péri victime d'un empoisonnement.

— Ciel ! qui l'a empoisonnée ?

— Plus tard vous le saurez.

Tout en causant de la sorte, on était arrivé dans le faubourg Saint-Antoine.

— Vous ne resterez pas seul chez moi, dit M. Vilmar à Édouard en lui indiquant du doigt la maison qu'il habitait ; j'ai recueilli un pauvre poëte qui mourait de faim. Il vous tiendra compagnie.

— Vous ne savez rester insensible aux souffrances de qui que ce soit.

— Que voulez-vous ? J'éprouve autant de plaisir à faire le bien que d'autres en ont à faire le mal. Par malheur, je suis retenu par ma position précaire.

— Dieu vous voit.

— A ce soir, mon ami, dit M. Vilmar. Il faut que je termine ma journée.

— A ce soir.

Édouard, après avoir monté quatre étages, entra dans la chambre de M. Vilmar. La propreté de ce réduit luttait avec la misère. Une petite commode, une table et deux chaises vermoulues composaient l'ameublement de la chambre. Un balai était appendu au mur. A l'entrée d'Édouard, un jeune homme au front pâle, occupé à noircir du papier, se leva de sa chaise, et un enfant de cinq ans se jeta dans les jambes du nouveau venu.

— Monsieur... balbutia Édouard, je viens augmenter la famille de M. Vilmar.

Il ne put dire un mot de plus. Le visage du poëte ne lui semblait pas inconnu.

— Entrez, monsieur, entrez dans le temple de l'amitié.

Les deux jeunes gens se regardèrent avec étonnement.

— Non, je ne me trompe pas, dit Édouard, vous êtes bien Eugène de Maubreuge. Je vous ai vu à la *Chambre infernale*.

— A mon tour je me rappelle un certain Édouard Ménars. Porteriez-vous ce nom ?

— Vous avez deviné.

— Soyez donc le bienvenu.

— Je remercie le hasard qui nous rassemble dans une mansarde.

— Remerciez le malheur.

Après un flot de questions et de réponses, Eugène de Maubreuge dit à Édouard :

— Lorsque j'eus vainement essayé de combattre la misère avec ma plume, vous savez que je pris la résolution d'étouffer ma vie dans l'orgie. Je n'ai pas réussi. J'ai vidé la bourse de mes amis, et je suis encore assez vivace. Expliquez ce mystère, si vous le pouvez. Un beau matin je me suis réveillé dans mon ancien grenier ; on m'avait servi mon repas d'autrefois, savoir : un morceau de pain noir et un pot d'eau. Quelle amère dérision ! Sont-ce mes amis qui, se voyant ruinés, m'ont pris dans l'ivresse et m'ont transporté dans mon ancienne demeure ? Je ne sais ; toujours est-il que, pressé par la nécessité, je mangeai le pain noir et je bus l'eau. Quelques heures après, la faim me tenait encore. Découragé, j'allais, ma foi, demander à Dieu l'énigme de cette étrange vie, quand un homme me prit dans ses bras et me porta dans cette chambre. Là, M. Vilmar me prodigua les soins et les encouragements ; il me supplia de partager avec lui son gîte et son chétif morceau de pain ; il releva mon courage en me racontant ses infortunes. Je l'avoue, l'exemple de la vertu stoïque de cet homme admirable, que le malheur trouva toujours inébranlable, me fit rougir de moi-même. J'eus honte de ma faiblesse et de ma lâcheté, et je repris avec ardeur l'arme du combat que j'avais jetée loin de moi en fuyant, cette plume que vous voyez là. Dieu enfin sourit à mes efforts. Un des premiers théâtres de Paris a reçu mon drame en vers, et je termine en ce moment un livre sur lequel je fonde de grandes espérances. Je veux dire un jour à l'homme qui m'a sauvé d'une mort honteuse : *Tenez, cette fortune et cette gloire vous appartiennent. Recueillez les produits de la terre que vous avez fécondée.*

La figure du poëte était belle d'enthousiasme.

— Eugène de Maubreuge, dit Édouard, vous êtes un noble jeune homme.

— A votre tour de me faire votre confession.

— Mon Dieu ! la mienne ne diffère pas de la vôtre. D'abord, avez-vous appris la mort de M. de Tercy ?

— Il s'est tué, m'a-t-on dit.

— Vous connaissez les motifs de son suicide ?

— N'avait-il pas créé de faux billets de banque ?

— Oui. Sans être son complice, j'ai partagé le fruit de sa faute. Quand j'exprimais le désir de connaître la source de sa fortune, il détournait habilement la question. Il ne m'a dévoilé son crime qu'à la dernière heure.

— On n'a aucun reproche à vous adresser.

— Par exemple, il fit preuve d'une grande générosité d'âme, il m'avertit du danger que je courais en restant avec lui. Je lui dois mon salut.

— C'était le débauché le plus spirituel de la *Chambre infernale*.

— Lorsque je me vis sans ressources, reprit Édouard, j'eus la sottise de m'adresser à mes amis de plaisir ; tous me repoussèrent. Le bon M. Vilmar, en me sauvant du naufrage où j'aurais infailliblement péri, a réparé leur injustice.

— Maudissons ces temps de folies, dit Eugène de Maubreuge à Édouard. Le cœur renaît dans cette mansarde. J'y ai goûté plus de bonheur qu'à la *Chambre infernale*. Ici l'on espère, là-bas on désespère. Le calme de la pauvreté n'est-il pas préférable au trouble de l'orgie ?

— Oh ! c'est vrai, répondit Édouard, là-bas on désespère. On ne vit pas, on use la vie.

L'enfant qui s'était embarrassé dans les jambes d'Édouard lui souriait.

— Comment appelle-t-on ce joli petit garçon ?

— Gabriel.

— Appartient-il à M. Vilmar ?

— Cet enfant avait trois ans à la mort de ses parents, qui étaient dans l'indigence. Personne ne voulait se charger de l'orphelin. M. Vilmar n'hésita pas à l'adopter.

— Une bouche humaine est indigne de faire l'éloge de ce cœur généreux.

— Maintenant, permettez-moi de me remettre à mon travail.

— Que je ne vous dérange en aucune manière. Loin de vous gêner, je veux au contraire m'utiliser dans la communauté. Je prétends ne pas rester oisif.

— Je vous préviens, mon hôte, dit Eugène de Maubreuge, que vous n'aurez pas ici une cuisine très-délicate. Vous ne goûterez pas à la viande, mais en revanche on vous servira alternativement un plat de pommes de terre et un plat de haricots. Le régime des légumes, arrosés d'eau claire, est très-sain, je vous assure.

— A la fortune du pot ! répondit Édouard en riant.

— J'ai mis de côté tout sot scrupule, reprit gaiement le poëte. Vous voyez en moi le cuisinier de la communauté. Voici mon petit commissionnaire, ajouta-t-il en désignant Gabriel.

— A merveille, dit Édouard.

— Gabriel! appela Eugène.

— Que me veux-tu? demanda l'enfant.

— Il est temps de partir.

— Je suis prêt.

— Tiens, voici la liste; n'oublie rien, je t'en prie.

— Elle est bien longue, dit l'enfant, et il se mit à lire :

*Besoins de la communauté.*

Deux litres de haricots,
Un sou de pains à cacheter,
Une chandelle.
Deux cahiers de papier à lettres,
Un paquet d'allumettes chimiques,
Un sou d'encre.
Une livre de sel gris.
Deux plumes d'oie.

En entendant lire cette liste bouffonne, Édouard partit d'un éclat de rire.

— Rapporteras-tu tout ce qu'il y a sur le papier?

— Oui, répondit Gabriel.

Il prit un grand panier et sortit de la chambre.

— Mon cher ami, dit Eugène, je me suis plié aux exigences de ma position.

— Franchement, j'admire votre philosophie. Je brûle de vous imiter. Je veux vous débarrasser quelque peu des soins du ménage.

Gabriel revint avec ses provisions.

— Écrivez, dit Édouard au poëte; n'ayez aucune inquiétude, je me consacre à la cuisine.

— Allumez le feu, d'abord.

— A l'instant.

Gabriel et Édouard se mirent à l'œuvre, le poëte prit la plume et donna libre carrière à son imagination.

Le soir, lorsque M. Vilmar, accablé par les fatigues de son travail, se présenta devant les trois êtres qu'il avait secourus, ceux-ci coururent au-devant de lui et le portèrent dans leurs bras jusqu'à sa chaise.

— Soyez bénis, mes enfants, murmura le balayeur.

Eugène de Maubreuge, inspiré par la reconnaissance, avait conçu le noble dessein de venger son bienfaiteur des dédains du monde. Sans le prévenir, il avait retracé dans de beaux vers l'histoire de ses infortunes.

Le poëte confia le sujet de son drame à Édouard, qui lui dit :

— Je crois que vous réussirez. Le dieu du succès vous sera favorable. Dites-moi, M. Vilmar sait-il?...

— Il ne se doute de rien.

— J'y pense. Vous avez connu un des principaux personnages de votre drame, vous devez l'avoir peint d'après nature.

— Ma foi! je ne sais ce que vous entendez par là.

— La comtesse Hortensia de Valingreuse ne vous est pas inconnue, sans doute?

— Non, certes.

— Eh bien?

— Eh bien? La comtesse Hortensia ne cache-t-elle pas Félicienne?

— Comment? Hortensia? la femme de M. Vilmar. Ah! laissez-moi revenir de mon étonnement. Je suis perdu si elle voit ma pièce.

— Pourquoi?

— Parce que j'en ai fait un portrait peu flatteur. Quelque laides que soient les femmes, au physique comme au moral, elles veulent paraître belles. Elles n'aiment que les peintres qui savent les flatter et les embellir.

— Votre pinceau n'aura jamais la force de rendre la laideur morale d'Hortensia. Je la connais mieux que tout autre, moi!

— Ah! vous avez eu avec elle des relations...

— Coupables. Nous lui enverrons un billet, n'est-ce pas?

— Ne vous avisez pas d'une pareille chose!

Le poëte ne put assister aux répétitions de sa pièce. A la suite de ses débauches, un travail opiniâtre l'avait complétement affaibli. Quoiqu'il fût malade, il se leva cependant le jour de la représentation de son drame. Une cruelle inquiétude le tourmentait. Il craignait d'échouer et de vivre encore aux dépens du pauvre balayeur. M. Vilmar, qui ne s'attendait pas à ce qu'il allait voir, s'était rendu au théâtre avec Édouard.

La comtesse Hortensia de Valingreuse assistait dans une loge à la représentation. Édouard, qui avait remarqué sa présence et ne la quittait pas des yeux. A sept heures, la toile se leva, à la grande satisfaction des spectateurs impatients. Le premier acte passa sans opposition. M. Vilmar s'aperçut de son individualité; il se retira aussitôt.

Pendant les quatre derniers actes, la salle retentit d'applaudissements. Le poëte avait habilement mis en opposition le caractère grandiose de M. Vilmar avec le caractère monstrueux de Félicienne.

A la fin du drame, Édouard remarqua l'altération des traits de la comtesse, qui avait paru très-émue toute la soirée. En entendant prononcer le nom d'Eugène de Maubreuge par l'acteur chargé du rôle de Blondet (Vilmar), Hortensia s'évanouit.

La joie porta un coup fatal au poëte; on le rapporta mourant à sa mansarde.

Un médecin, que M. Vilmar avait amené, déclara que le poëte était attaqué d'une maladie mortelle. Il ne restait plus d'espoir de guérison.

Le lendemain de ce triste jour, une femme qui avait la tête couverte d'un long voile noir se présenta à la mansarde.

— Eugène de Maubreuge? demanda-t-elle d'une voix émue.

— Qui êtes-vous, madame? lui dit Édouard.

L'inconnue leva son voile et échangea un regard avec le jeune homme.

Édouard recula de quelques pas. Il reconnut la comtesse Hortensia. Elle était méconnaissable : des rides avaient détruit la beauté de son front. Sa figure avait la blancheur et l'aspect sinistre d'un linceul.

— Eugène de Maubreuge?

Édouard indiqua le lit du poëte à la comtesse Hortensia.

La comtesse tomba à genoux près de la couche d'Eugène de Maubreuge. Édouard resta muet de surprise.

Le poëte se réveilla.

— Mes yeux ne m'abusent-ils pas? dit-il. Que signifie cette posture? que me veut la comtesse Hortensia?

— Eugène, ce n'est pas la comtesse Hortensia que tu vois agenouillée, c'est Félicienne!

— Toi, Félicienne!

— Tu m'as bien peinte dans tes beaux vers, mon poëte : *la vipère qui rampe sous les fleurs.* Félicienne a fait horreur à la comtesse Hortensia. Mon cœur, que je croyais endormi à jamais, s'est réveillé à tes nobles accents. Avant que ton âme ne monte au ciel, sois béni, mon poëte, car tu m'as sauvée, tu m'as révélé une nouvelle vie.

La comtesse arrosait de ses larmes les mains débiles du poëte.

— Tu as commis de grandes fautes, Félicienne, mais ton sincère repentir les fera oublier.

— Oh! je te le jure, Eugène, j'effacerai mes crimes avec mon sang, s'il le faut.

— Sois fidèle à ton serment.

La comtesse se releva.

— Madame, lui dit Édouard, il serait prudent que vous vous retirassiez. Songez que votre mari peut venir d'un moment à l'autre.

Hortensia tressaillit.

— Adieu, mon poëte, dit-elle à Eugène.

— Adieu Hortensia.

La comtesse baissa son voile, et sortit aussitôt.

Quelques jours après cette entrevue, Eugène de Maubreuge se débattait dans une cruelle agonie. Édouard et M. Vilmar se désespéraient à son chevet en voyant la mort prête à s'emparer de sa proie.

— Ne pleurez pas, mes amis, dit le poëte d'une voix éteinte. Je meurs sans regrets, M. Vilmar, puisque j'ai l'assurance que vous ne vous courberez plus sous un travail pénible. Ma pièce et mon livre suffiront... Ah! douleur atroce!

— Oh! mon enfant! s'écria M, Vilmar éploré, pourquoi faut-il que Dieu vous rappelle à lui et vous ravisse à notre amour.

— Mes amis... Gabriel...

La voix expira sur les lèvres du poëte. Il rendit le dernier soupir.

M. Vilmar voulut qu'Eugène de Maubreuge eût un bel enterrement. Le corbillard, suivi d'un nombreux cortége, transporta le corps du poëte au Père-Lachaise.

La dernière demeure de l'homme offre un aspect majestueux. Le penseur, foulant aux pieds les ossements humains, se plaît à évoquer les ombres des morts. Si le vent fait frissonner le feuillage des ifs ou des cyprès, il croit entendre le souffle léger des âmes qui sortent des tombeaux. Dans un cimetière, la mort vous apparaît dans toute sa grandeur et dans toute sa beauté. O Mort! espoir du juste, effroi du méchant, sans toi nous resterions dans un éternel esclavage, attachés à notre fange. Tu es la déesse de la liberté : tu nous délivres de nos craintes, de nos désirs, de nos souffrances, de nos passions. Tu nous unis à Dieu, en nous dépouillant de l'enveloppe terrestre. Notre âme, sortant de sa charnelle prison, s'élance dans les régions de l'infini!

Lorsque toutes les personnes qui avaient accompagné le funèbre convoi furent sorties du cimetière, une femme revêtue d'une robe de deuil, s'agenouilla pieusement sur la tombe du poëte et pria avec ferveur.

C'était la comtesse Hortensia de Valingreuse.

M. Vilmar avait une grande affection pour Eugène de Maubreuge ; sa mort le rendit taciturne. Un soir que, assis au coin du feu, il songeait à son enfant, comme il l'appelait, il entendit frapper à sa porte. Il pria Édouard d'aller ouvrir.

Félicienne entra : sa pâleur était effrayante ; ses yeux semblaient éteints dans leurs orbites. On eût dit un spectre.

Cette soudaine apparition fit tressaillir M. Vilmar. Son cœur battait à rompre sa poitrine. Brisé par l'émotion, il s'appuya sur une chaise. Il put à peine balbutier ces mots :

— Quoi! c'est vous, madame?...

Félicienne se jeta aux pieds de son mari.

— Maudissez-moi! s'écria-t-elle en versant un torrent de larmes ; j'ai mérité votre mépris et votre malédiction ; tuez-moi! j'ai mérité votre courroux.

— Madame, répondit le digne M. Vilmar attendri, Dieu est votre juge, je vous l'ai déjà dit ; pour moi, je ne suis que votre père. Lorsque l'enfant prodigue revient à la maison de son père, celui-ci, bien loin de le maudire, tue le veau gras. Venez donc dans mes bras, ma fille!

— Votre indulgence augmente encore mon crime.

— Je l'ai déjà oublié.

La femme adultère se précipita dans les bras de son mari.

Édouard ne se lassait pas d'admirer ce tableau.

Lorsque le jeune homme se trouva seul avec Félicienne, il eut un entretien avec elle.

— Madame, lui dit-il, la délicatesse et la reconnaissance que je dois à M. Vilmar me défendent de rester plus longtemps près de vous. Il faut que je parte.

— Monsieur, vous n'avez pas eu le temps, je crois, d'oublier que j'ai juré d'effacer à tout prix le scandale de ma vie. Vous pouvez donc rester ici sans scrupule et sans crainte. Je ne me souviens plus du passé.

— Félicienne, ma mémoire est moins faible que la tienne. Je te le dis, il faut que je parte.

— Qu'il soit donc fait selon votre bon plaisir.

— Et puis, moi aussi, j'ai une faute à réparer!

M. Vilmar tenta vainement de détourner Édouard de son projet. Le jeune homme le quitta, en le remerciant de ses bienfaits.

Grâce au drame du poëte, qui obtint un succès mérité, la position de l'honnête Vilmar s'améliora. Quant à Félicienne, elle tint son serment, elle se consacra au bonheur de son mari.

### Le retour

Édouard cheminait tristement sur la route de Beaugency. Ni les grotesques laconismes des rouliers, ni la vue du brave soldat qui, armé d'un bâton, hâtait le pas pour revoir sa vieille mère et sa fiancée, ni les chants naïfs des jeunes paysannes, n'avaient la puissance de chasser ses sombres pensées. Il marchait la tête baissée. De bruyants soupirs s'exhalaient de temps en temps de sa poitrine oppressée.

Ne connaissait-il pas déjà ce chemin? L'espoir dans l'âme, ne l'avait-il pas parcouru? Alors il était joyeux, il chantait : maintenant il pleure ; alors des vœux l'accompagnaient sur la route, l'amour veillait sur lui : maintenant il marche seul, avec la haine et le mépris de tous. Que va-t-il devenir?

Édouard, par une rare délicatesse qu'il faut apprécier, avait refusé l'argent que M. Vilmar lui avait offert à son départ. Il reconnut bientôt la faute qu'il avait commise en n'acceptant pas l'offre généreuse du balayeur. Harassé de fatigue et tourmenté par le besoin, le jeune homme ne put atteindre le but de son voyage. Il fallut qu'il s'arrêtât. Il quitta la route et entra dans une prairie. Là, il s'étendit sur l'herbe ; la lassitude l'emporta sur la faim, car il ne tarda pas à s'endormir.

Une étrange vision lui apparut dans son sommeil.

Des anges chantaient les louanges de Dieu. Une céleste musique résonna aux oreilles d'Édouard. Chaque son éveillait dans son âme un vif élan de reconnaissance pour le Créateur. Il vit une femme assise sur des nuages, qu'entourait un brillant cortége de séraphins aux blanches ailes. Sa figure était rayonnante de beauté ; ses longs cheveux ondulaient sur ses épaules, et ses yeux exprimaient un divin amour. Elle tenait dans ses bras un petit enfant blond qui lui souriait. Édouard aperçut ensuite un mendiant qui tendait ses bras vers elle en l'implorant. La céleste femme laissa tomber aux pieds du vagabond une pluie d'or et d'argent. Les ailes des anges s'agitèrent, puis tout s'envola, tout remonta au ciel !

Cette femme avait les traits de Marguerite.

Édouard s'éveilla. La musique le charmait toujours. A quelques pas de lui se tenaient une paysanne et un enfant. L'enfant s'approcha d'Édouard, lui apporta un morceau de pain et quelques fruits, et courut aussitôt vers sa mère, qui s'éloigna avec lui.

— Quel étonnant rapport avec mon rêve! se dit-il.

Édouard se sentait soulagé d'un grand poids. Ce rêve avait dissipé toutes ses fatigues. Il lui sembla que son âme venait de s'échapper du tombeau, où elle avait été renfermée de longues années, et s'envolait dans de lumineuses sphères.

Le passé lui revint à la mémoire. Il se jeta à genoux, et, se frappant violemment la poitrine :

— Mon Dieu! s'écria-t-il, je suis une misérable créature ; j'avais tort de douter de ta bonté. Pardonne-moi mes fautes et mes blasphèmes.

Lorsque Édouard releva la tête, il aperçut un homme vénérable qui le regardait attentivement. Cet homme portait l'habit ecclésiastique.

C'était le digne curé du village de Saint-Ay.

La figure du prêtre resplendissait de grandeur et de majesté. Son large front révélait la noblesse de ses pensées, et sur sa douce physionomie se peignait le calme de la vertu. Édouard crut encore être le jouet d'un rêve. Sa stupéfaction s'évanouit bientôt en entendant prononcer ces paroles :

— Qui que vous soyez, dit le bon pasteur en étendant ses bras sur la tête du jeune homme, je vous bénis au nom du Christ, qui n'est pas venu sur la terre pour les justes, mais pour les pécheurs, car il a dit : *Il y aura plus de joie dans le ciel pour un pécheur qui fait pénitence, que pour quatre-vingt-dix-neuf justes qui n'ont pas besoin de pénitence.*

Une vive rougeur colora les joues d'Édouard, mais la voix

suave du prêtre et l'indulgence de ses paroles rassérénèrent son esprit.

— Mon père, dit le jeune homme, daignez entendre la confession d'un coupable.

— Dieu ne vous a-t-il pas entendu? n'a-t-il pas lu votre repentir dans votre cœur? En vérité, je vous le dis, c'est là le seul et vrai confesseur. Cependant, mon fils, si vous désirez me faire l'aveu de vos fautes, je vous écouterai volontiers.

— J'en ai le plus grand désir, mon père.

— Mais il n'est pas nécessaire que vous restiez dans cette humble posture.

— A genoux, mon père, à genoux! voilà la seule position qui me convienne!

— Quelles sont les fautes qui pèsent sur votre conscience?

— Mon père, dit Édouard toujours agenouillé, — un vieux soldat surchargé de gloire et d'années avait adopté la fille d'un de ses compagnons d'armes, mort à Waterloo. Marguerite était belle comme les anges; j'avais grandi avec elle. Étonnez-vous de mon crime, je séduisis cette pure et sainte fille. Entraîné par une imagination ardente, qui infiltrait dans mon cœur l'ambition et le désir des jouissances sensuelles, qui me montrait le bonheur là où il n'est pas, j'abandonnai mon vieux père ainsi que Marguerite.

Je m'arrête, mon père, ces souvenirs me tuent.

— Continuez, mon fils.

Le jeune homme reprit :

— A Paris, je cherchai à contracter un opulent mariage avec la fille de ma protectrice, que je trompais indignement; mais la Providence ne permit pas que mes coupables desseins fussent couronnés de succès. La subite arrivée de Marguerite rompit mon mariage, et mes ambitieuses espérances durent s'évanouir aussitôt. Non-seulement je méprisai le salutaire avertissement du ciel, mais encore je n'écoutai ni les prières de Marguerite devenue mère, ni les amicales sollicitations de mon frère, de mon frère qui cherche à réparer mon crime en se dévouant constamment pour la jeune fille que j'ai là-chement abandonnée. Je ne voulus pas revenir au bien. Mon père mourut de honte et de douleur en apprenant que j'avais déshonoré la fille de son frère d'armes, précieux dépôt qui lui avait été confié. Je me liai ensuite avec un homme dissolu, qui avait su prendre un funeste ascendant sur mon faible caractère. C'est alors que je lâchai la bride à mes passions, mais je ne tardai pas à sentir l'amertume au fond du calice que la débauche m'avait présenté. La fortune ayant cessé de me protéger, on ne me reconnut pas; les portes restèrent fermées devant moi. Le dégoût et l'ennui me firent sortir brusquement de ma position. Un jour, mon père, après avoir écouté les bruyantes fanfares de la ville, je me trouvai seul sur la grande route, sans parents, sans amis, sans espoir! J'ai mérité mon sort. Honte sur moi! les honnêtes gens me maudiront et me fuiront avec raison. Et cependant, je vous le jure, j'abhorre mes crimes. Jamais coupable n'a eu le cœur déchiré par des remords aussi cruels. Je n'ai qu'une pensée, c'est de réparer mes fautes. Ma conduite passée m'inspire de l'horreur; je donnerais ma vie pour la faire oublier. Quoi! mon père, votre indignation n'éclate pas en entendant dévoiler ces infamies?

Le bon curé répondit d'une voix douce et calme au pécheur :

— Mon fils, Dieu est indulgent, Dieu est bon. Il ne sait que plaindre les humains qui s'éloignent de lui. Enfant prodigue, revenez vers votre Père, il vous tend les bras. Ne craignez pas qu'il vous inflige une sévère pénitence. Que vous demande-t-il donc? un sourire mélancolique, une larme d'amour, et le divin Père oublie tout : il ne pense qu'à la joie de revoir son cher enfant. De même que l'encens chasse les mauvaises odeurs du temple, le repentir sanctifie l'âme du pécheur. Relevez-vous, mon fils, Dieu vous a pardonné.

— Tout à l'heure, dit Édouard, dans mon sommeil, il m'a semblé que Dieu daignait jeter un regard de bonté sur moi. O mon père! que n'ai-je lutté comme vous contre mes passions!

— Puisque vous m'avez franchement avoué vos fautes, je veux que vous connaissiez votre confesseur.

Après s'être assis sur le gazon à côté d'Édouard, le bon pasteur commença ainsi :

« Je suis né à Tours, de parents pauvres qui aimèrent la religion et qui donnèrent au monde l'exemple d'une vie irréprochable. Dès que je fus à l'école mutuelle, je sus qu'ils désiraient ardemment que j'entrasse dans les ordres; mais l'état religieux ne paraissait nullement convenir à ma nature. J'annonçai de bonne heure un caractère vif et pétulant. Mes parents désespéraient de moi. Cependant je les aimais, car aussitôt après que je m'étais rendu coupable de quelque incartade, j'allais pleurer près d'eux et leur jurer qu'à l'avenir on ne m'adresserait plus aucun reproche. Par malheur, la tête emportait le cœur, et j'étais toujours insouciant et dissipé. Encore jeune, je devins orphelin, j'eus la douleur de perdre successivement mon père et ma mère. Je ressentis un profond chagrin. Cet événement apporta dans mon esprit une tristesse qui dura toujours. De léger et d'insouciant que j'étais, je devins tout à coup sérieux et presque sage. M. Bardet, chanoine de Tours, daigna s'intéresser à moi. Il me fit comprendre que, privé de mes parents, seul sur terre, je devais chercher un refuge contre la misère dans le sein de l'Église. Je suivi son conseil et je ne tardai pas à entrer au séminaire.

» Je croyais que là se trouvait le foyer des beaux sentiments d'amour et d'humanité, d'où sortait chaque homme pour éclairer le monde, comme autant d'étincelles qui jaillissent du feu et qui brillent dans la nuit! Je croyais m'unir aux ardents amis de l'humanité. Je fus bientôt détrompé. C'étaient des jeunes gens qui prenaient un *état*, une *position*. Profanation des choses saintes et sacrées! Étonnez-vous donc maintenant que l'ambition dévore le cœur de ces hommes qui *prennent une position?* Au séminaire, on nous mettait dans une continuelle défiance les uns des autres; on anéantissait l'exaltation des plus nobles sentiments sous une règle sévère jusqu'à la dureté. Là on nous disait de craindre Dieu, mais on ne nous apprenait pas à l'aimer. Cette froideur révolta mon âme. Le découragement, amené par la déception, s'empara de moi; n'eût-ce été M. Bardet, j'aurais quitté le séminaire, mais je ne voulais pas me montrer ingrat envers mon protecteur. D'ailleurs mes sentiments s'éteignirent bientôt sous le couvercle de plomb du séminaire, et j'acceptai mon esclavage. Je ne tardai pas à recevoir l'ordination. A cette époque, la Providence plaça sur mon chemin une jeune fille d'une beauté ravissante. Elle m'inspira un vif amour. De terribles combats se livrèrent dans mon âme. Se peut-il, pensai-je, qu'on ait défendu au prêtre de goûter les douces joies de la famille qui retrempent et améliorent le cœur humain. J'ai bien souffert, mon fils; la tentation fut forte et opiniâtre : l'énergie de mes passions se réveilla. Au milieu de mes nuits sans sommeil, je me levais souvent pour demander des forces à Dieu. Il ne permit pas que je succombasse; je restai fidèle à mon serment de chasteté. La jeune fille s'éloigna.

» M. Bardet connaissait mon ambition. Je lui disais souvent que j'avais le plus grand désir d'être le pasteur d'un pauvre village. Quelque temps après, j'obtins par son crédit la cure de Saint-Ay, que j'occupe aujourd'hui.

» J'ai toujours beaucoup aimé la campagne. Un jour, jour à jamais mémorable, j'entrai dans cette prairie. Comme aujourd'hui, il faisait un temps magnifique; comme aujourd'hui, Dieu souriait aux humains. Regardez! mon fils. »

Le soleil dorait le sommet des coteaux et dardait ses rayons sur les longs peupliers, dont les cimes agitées ondoyaient comme des panaches d'or. De blancs nuages, qui ressemblaient à des ailes d'anges, couraient sur l'azur du ciel. Une légère brise caressait amoureusement le feuillage. Des moutons bondissaient capricieusement sur l'herbe de la prairie. On entendait les chants lointains des paysans. Sur la pente d'une colline se déroulait un long ruban de maisons et de leur sein s'élançait la flèche d'une église, autour de laquelle venaient se grouper, comme des poussins autour de leur mère, les chaumières du village.

Édouard émerveillé regardait tour à tour le poétique tableau qui se déroulait devant lui et la noble figure du prêtre, qui reprit :

« Je tombai dans une douce extase en contemplant la luxuriante nature. Une complète transformation s'opéra en moi. Mon enthousiasme, comprimé au séminaire, se réveilla devant les merveilles de la création. Je compris la grandeur de l'Être-Suprême ; je me sentis animé par le souffle divin. O nature, temple de Dieu ! c'est à ta source que vient puiser le génie, c'est toi qui enfantes les Fénelon. Riches, qui avez des oreilles et qui n'entendez pas les plaintes amères du pauvre ; barbares, qui avez un cœur et qui tuez sans pitié vos semblables ; athées, qui avez une intelligence et qui reniez celui qui vous en a gratifiés ; philosophes orgueilleux et théologiens nébuleux, qui vous égarez dans les champs perdus de la métaphysique ; fous qui vous flagellez et vous enfermez dans des tombeaux de pierre ; pédants, qui vous meublez la tête d'une vaine science ; fanatiques, qui tuez la religion que vous croyez servir ; ignorants, qui insultez et calomniez les hommes de génie ; ambitieux, qui rêvez de dignités, de châteaux et de palais, venez en troupe, venez admirer l'œuvre divine ; vous serez retrempés et régénérés, car vous lirez dans le livre qui n'eut et qui n'aura jamais de rival, dans le livre de la nature. Vous m'objectez que vous ne connaissez pas la langue de Dieu. Honte sur vous ! n'est-ce pas la langue du cœur ? ne devez-vous pas la connaître avant toutes les autres ? Quittez donc vos cloaques aux miasmes mortels. L'âme, comme le corps, a besoin d'air pur.

» Hommes pervers, après avoir vu l'œuvre admirable, nierez-vous qu'il y ait un sublime ouvrier ? Attribuerez-vous encore au hasard, à la combinaison des éléments, les orbes lumineux qui rayonnent dans l'immensité ? Ne ressentez-vous pas la douce influence du soleil qui réchauffe votre corps et qui féconde la terre ? Répondez à ces deux questions : Y a-t-il des effets sans causes ? La matière inintelligente a-t-elle pu produire votre intelligence ? O mon Dieu ! c'est toi qui animes la nature, c'est toi qui fais chanter le poëte et l'oiseau, c'est toi qui m'inspires un vif amour pour la vertu et de l'admiration pour tes œuvres. C'est toi, Être incommensurable, qui remplis l'espace sans bornes !

» Il fut bien audacieux celui qui, le premier, osa peindre Dieu semblable à lui, c'est-à-dire comme un homme haineux, jaloux et cruel, qui se plaît à torturer ses ennemis. Non, le Créateur n'a pas voulu que les hommes suivissent sa loi d'amour par crainte de terribles châtiments. Cette pensée impliquerait une contradiction. C'est en rapetissant Dieu, c'est en le représentant comme un tyran qu'on a éloigné de lui les gens sensés et les esprits peu craintifs. Atome imperceptible, perdu dans l'immensité, tu as des ennemis, mais tu n'es pas l'ennemi de ton Créateur. Dieu, mon fils, est un foyer d'amour et de miséricorde. Il tend les bras au pécheur, il place le remords dans son cœur, afin qu'il revienne près de lui. Un père ne souffre-t-il pas de la douleur de son fils ? Aussi je n'ai jamais effrayé mes ouailles par le récit de tortures imaginaires, je ne leur ai jamais montré le Créateur regardant froidement souffrir ses enfants. En leur disant que Dieu était tout amour, mes villageois se sont aimés les uns les autres. Si je leur avais dépeint un Dieu méchant, ils auraient peut-être imité leur Créateur. En vérité, je vous le dis, Dieu s'éloigne de l'homme qui inflige une souffrance à son semblable sous quelque prétexte que ce soit. Il a horreur du meurtre, car le meurtre détruit l'ordre de ses lois qui régissent l'univers. Ceux qui ont eu la cruauté de brûler et de torturer leurs ennemis en son nom ont été maudits par lui.

» Ces réflexions m'ont entraîné loin de mon sujet ; j'espère cependant qu'elles ne seront pas perdues pour vous. Je n'ai rien à ajouter à ce que je vous ai dit, sinon que mon seul désir est de mourir au village de Saint-Ay. »

— Mon père, dit Edouard, je recueille avec joie chaque parole qui s'échappe de votre bouche, car elle est pour moi un précieux enseignement. Pourquoi me suis-je donc égaré à poursuivre de vaines chimères ?

« — Mon fils, tous les mortels cherchent le bonheur ici-bas, c'est-à-dire la plus grande somme de joies que l'on puisse recueillir ; toutes leurs actions sont dirigées vers ce but. L'atteignent-ils ? C'est ce que nous allons examiner à l'instant. Je débute par vous dire qu'il n'y a que le chemin de la vertu qui mène à la félicité ! Examinons les passions et les vices des hommes. Jetons un rapide coup d'œil sur leurs désirs, qui se portent vers trois biens trompeurs : *la gloire, la fortune et la luxure.*

» La gloire distingue l'homme de son semblable ; elle lui prête un éclat dont il est fier ; elle le revêt des plumes du paon. Vous avez deviné que l'orgueil est fille de la gloire. Deux souverains se disputent un pied de fange. Au lieu d'avoir recours à la raison, ils préfèrent employer la force ; ils donnent le signal du carnage. Leurs sujets s'élancent au combat et acquièrent de la gloire en égorgeant leurs semblables. Maintenant nous avons l'ambitieux qui, pour parvenir aux honneurs, met son talent à déguiser sa pensée et à se courber devant les puissants. Lorsqu'il s'est réduit autant que possible, il se relève haut d'une coudée. Alors il méprise ses *inférieurs.* Au travers de leur orgueil, masque qui couvre la figure des ambitieux, je distingue l'inquiétude qui les accable. Comme Job, Dieu les renverse bientôt de leur trône, et ils restent seuls, car ils ont humilié tous leurs amis.

» L'homme véritablement glorieux est celui qui soulage son semblable ou bien celui qui défend les Calas et les Sirven de la fureur des fanatiques.

» La fortune occupe sans cesse la pensée des hommes. Aussitôt qu'ils la possèdent, ils s'imaginent être heureux, parce qu'ils savent se créer de nouveaux besoins. Il existe des misérables qui se servent de leur or pour tenter la vertu ou pour humilier le pauvre. Comment un homme ose-t-il se dire riche, tandis que ses frères affamés meurent de froid à sa porte ? Insensé, n'ouvriras-tu pas ton cœur à la pitié ? Pourquoi entasser si précieusement des biens que tu seras forcé d'abandonner dans quelques heures ? Le riche n'entend rien, il entoure de ses bras son trésor et jette des regards craintifs autour de lui. La richesse engendre l'avarice. Goûtent-ils une parfaite félicité ceux qui tremblent sans cesse que le pauvre ne se lasse de les implorer en vain !

» O Christ ! les richesses de ton âme ne sont-elles pas préférables à ces biens terrestres ? Tu n'avais pas une pierre pour reposer ta tête, mais ton cœur n'était-il pas rempli d'amour ?

» La luxure s'empare particulièrement des hommes sans énergie. Le jeune homme doit se défier de cette passion, qui menace de détruire ses bonnes qualités en les frappant d'inertie. Courtisane impudique, elle ose se montrer à vos yeux étonnés, elle flatte vos sens. De la luxure naît la paresse. Malheur à ceux qui, nouvelles phalènes, vont brûler leurs ailes à sa mortelle lumière. Flétris dans la fleur de leur jeunesse, et n'ayant pas le courage de revenir à la vertu, le suicide les délivre bientôt des dégoûts de la vie.

» La luxure peut-elle soutenir la comparaison d'une chaste et sainte flamme ?

» Ainsi la gloire et la fortune enfantent la crainte, et la luxure mène à l'ennui. J'aime les hommes, mais je déplore leur folie. Sans repos, sans calme, le bonheur n'existe pas. Pourquoi donc s'embarquent-ils sur la mer sans rivages des passions, qui les engloutit, plutôt que de voguer paisiblement sur le beau lac, dont les eaux limpides réfléchissent le ciel ? Heureux ceux qui ne se sont pas égarés dans les déserts du vice, à la poursuite de mirages trompeurs. Un sensualisme très-borné peut-il l'emporter sur le spiritualisme qui mesure l'infini ? Qui connaît les extases célestes, les douces aspirations, les poétiques élans des âmes vertueuses ? Comparerez-vous les grossiers plaisirs des sens et l'égoïsme des passions aux rêves extatiques de la pensée ? Ils sont fous, ceux qui concentrent tous leurs désirs, toutes leurs pensées sur eux-mêmes. Mon fils, *le bonheur est dans l'expansion de tous les beaux sentiments, le bonheur est en Dieu !* Tous les hommes doivent donc aimer la vertu, qui est l'image de Dieu sur la terre. O vertu ! il me faudrait un sublime pinceau pour peindre ta majestueuse beauté! Regardez, mon jeune ami : l'homme vertueux gravit la montagne. Quoique le roc déchire ses pieds, il est heureux, car son âme communique avec Dieu; chaque pas qu'il fait le rapproche du ciel. Arrivé au sommet de la montagne, il prend son vol vers les lumineuses sphères en chantant les louanges de Dieu. L'homme vicieux met un masque sur son visage; il grimace le plaisir, mais la véritable félicité est loin de lui. Au bout de la route qu'il a parcourue, il tombe dans le gouffre de la nuit, en blasphémant son Créateur.

» La morale du Christ se résume dans ces mots : *Oubli de soi, amour de son semblable*. Aussi, dirai-je comme le Christ à tous ceux qui se plaindront de la vie : — aux envieux, — aux ambitieux, — aux gens avides de gloire, — aux riches, — aux puissants, — aux débauchés : — *Aimez, aimez*, et vous serez heureux.

» Le bonheur impliquant donc l'idée de calme, il est contradictoire que l'homme injuste soit heureux. La félicité remplit le cœur de celui qui vit en Dieu, mais l'inquiétude, les chagrins, les soucis et les remords fondent sur le mortel qui s'éloigne de lui. Que faut-il à l'homme de bien pour qu'il soit heureux? la vue du ruisseau qui serpente dans la prairie, le son lointain de la cloche du village, qui, en frappant son oreille, élève son âme vers le Créateur. Marchez, mes amis, marchez, mortels vertueux. Je sais que vous avez les pieds déchirés par les cailloux anguleux de la route, mais Dieu ne vous accompagne-t-il pas, et Jésus-Christ ne vous a-t-il pas donné l'exemple de la résignation? Ames charitables, suspendez un instant votre marche, réveillez l'oisif endormi sous l'ombrage des arbres qui bordent le chemin, et essayez de tirer vos frères de la boue de l'ornière où ils se débattent! »

Le bon curé s'arrêta. Edouard, enthousiasmé, se prosterna devant lui.

— Gloire à vous! mon père, dit-il; grâce à votre bienfaisante lumière, mon aveuglement s'est dissipé. Le saint enthousiasme que vous m'avez communiqué m'élève sur une hauteur d'où j'aperçois le bourbier qui a souillé mon corps et mon âme. Je te rends grâces, mon Dieu, de m'avoir éclairé par la bouche de ton saint ministre!

Le bon curé versa deux larmes de joie.

— Mon jeune ami, venez avec moi au presbytère. Nous dinerons ensemble.

— Mon père, je suis indigne d'entrer sous votre toit.

— Venez, mon fils.

Le bon pasteur prit familièrement le bras d'Edouard et l'entraîna.

On arriva au presbytère. Le curé fit entrer Edouard dans une petite salle, lui donna un livre et le pria de l'attendre quelques instants. Edouard jeta les yeux autour de lui. Quoique la salle où il se trouvait fût extrêmement propre, l'aspect en était misérable. On eût dit la demeure d'un pauvre. Quelques meubles rustiques garnissaient à peine la chambre. Edouard ne vit, pour tout ornement, qu'une gravure représentant le Christ et la femme adultère. Au bas de la gravure on lisait ces sublimes paroles : *Qui sine peccato est vestrûm, primus in illam lapidem mittat*. « Que celui d'entre vous qui est sans péché lui lance le premier la pierre. »

Jeanne, la vieille servante du curé, avait un sincère attachement pour son maître. Sans son humeur irascible, défaut inhérent à la nature des vieilles filles, on n'aurait eu que des éloges à lui donner. Lorsque le curé entra dans la cuisine, elle lui dit aussitôt :

— J'ai entendu du bruit, vous nous avez amené quelqu'un, monsieur le curé?

— Un jeune homme que j'ai rencontré... par hasard.

— Où l'avez-vous laissé?

— Dans la salle. Dis-moi, Jeanne, tu nous prépareras le diner de bonne heure, n'est-ce pas?

— Pourquoi le préparerais-je plutôt que de coutume?

— Ce jeune homme dîne avec moi.

Jeanne se leva brusquement de sa chaise.

— Sainte Vierge! s'écria-t-elle, vous rêvez, monsieur le curé!

— Qu'as-tu donc? ma bonne Jeanne.

— Ne savez-vous pas qu'il ne nous reste plus rien, pas le plus petit morceau de viande. Et vous amenez quelqu'un à dîner! c'est à en mourir de dépit.

— Je ne savais pas, balbutia le pauvre curé, qui redoutait la colère de sa gouvernante.

— Vous ne l'ignorez pas, monsieur le curé, chaque jour je vous le répète : il y a une mesure à tout. Vous donnez à tout le monde! Si un pauvre voyageur vient vous demander le moyen de continuer sa route, vous lui abandonnez le peu qui vous reste. Un fermier est-il en retard pour ses payements? il s'adresse à monsieur le curé! Claude, qui soutient ses vieux parents, tombe-t-il à la conscription, il vient dire à monsieur le curé qu'il ne lui manque plus que cent francs pour acheter un remplaçant. Dans les mauvaises années, on a encore recourt à vous. Que sais-je, moi! Quand on désire quelque chose, on le demande à monsieur le curé, quand on souffre, on accourt vite chez monsieur le curé. Jusque-là, il n'y avait pas trop de mal, vous ne donniez que votre argent; mais voilà que vous vous avisez de soigner les malades, de les recevoir chez vous; vous leur fournissez vos draps, tout votre linge, quoi! C'est au point que, pour soulager les autres, vous avez vendu votre montre. Je vous ai averti, monsieur le curé, je vous ai dit : Si vous continuez ce manége-là, il n'y aura pas moyen d'y résister. Vous n'avez pas voulu m'écouter. Vous êtes bien avancé maintenant qu'il ne vous reste pas même une soutane, car celle que vous avez sur le corps est faite de pièces et de morceaux, à force d'être raccommodée!

— Fallait-il donc renvoyer les infortunés qui m'imploraient? hasarda timidement le curé.

— M'est avis, monsieur le curé, reprit la vieille Jeanne, que vous avez tant fait la charité que vous auriez besoin qu'on vous la fît, mais prenez-y garde. Le maire, qui est à son aise, vous a-t-il aidé seulement? Il garde tout ce qu'il a, lui.

— Calme-toi, Jeanne.

— Ah! voilà ce que vous répondez toujours à mes reproches : Jeanne, calme-toi; tu te mets en colère, tu vas commettre un péché mortel! Cependant j'ai raison. Il n'y a pas de bon sens de donner tout aux autres et de ne rien garder pour soi.

— Rassure-toi, ma bonne Jeanne. Chaque jour amène son pain. Je t'en prie, prépare-moi un petit diner. Tu as des fruits, du lait.

La vieille servante fut désarmée par la dernière phrase du curé.

— Du lait et des fruits à dîner? dit-elle en riant.

— Peu importe, je crois que notre hôte se contentera de peu.

— Je vous préparerai votre fameux repas. Ah! ah! du lait et des fruits! Je me souviendrai longtemps de ce dîner-là.

Edouard s'estima heureux de trouver le *repas* qui lui fut préparé.

Le court séjour qu'il fit au presbytère apporta un complet changement dans son moral. Chaque matin il allait respirer le bon air de la campagne avec le curé de Saint-Ay. Dans ces promenades, le bon pasteur inspirait au *pêcheur* la haine du mal et l'amour du bien. Les qualités morales du jeune homme, momentanément éteintes sous de mauvaises passions, se réveillèrent à la parole inspirée du vertueux prêtre. Au milieu des champs, au sein de Dieu, le jeune homme renia sa vie passée.

Un beau matin, Edouard, en abordant le curé, fut très-surpris de le voir abattu. Sa physionomie, d'ordinaire si calme, exprimait une tristesse indéfinissable. Son front se plissait sous une pensée désespérante. Le jeune homme, justement alarmé, lui demanda la cause de ce changement dans son humeur. Le bon curé lui répondit :

— Mon enfant, cette lettre m'annonce une nouvelle bien fâcheuse.

— Faites-la-moi connaître, je vous en prie.

— Il faut d'abord que je vous explique ce qui l'a motivée.

— Je vous écoute, mon père.

Après un moment de recueillement, le bon pasteur commença ainsi :

« Autrefois les curés de campagne étaient inamovibles; aucun supérieur ne pouvait arbitrairement les retirer de leur cure. Certains de passer leur vie dans la paroisse avec laquelle ils contractaient une sainte union, ils se rendaient dignes de leur apostolat. Le concordat de Napoléon changea tout. On a tout fait depuis pour diminuer l'influence morale et salutaire des curés, qui, au nombre de trente-cinq mille, composent le clergé de France. On leur a ôté leur titre, car c'en était un, on les a appelés *desservants*, et leurs cures ont été baptisées du nom de *succursales*. Les *desservants* vivent donc aujourd'hui en esclaves sous la domination tyrannique de leurs évêques, qui les destituent, les changent de cure, les révoquent et les interdisent selon leur bon plaisir. Ces injustices, cet asservissement, exercent une funeste influence sur les pasteurs ruraux. De nombreuses plaintes, je rougis de l'avouer, se sont élevées contre plusieurs d'entre eux, qui ont manqué de foi. Les malheureux se sont montrés peu soucieux d'acquérir une réputation d'honnêteté dans la paroisse, en quelque sorte *provisoire*, qu'on leur avait désignée. Les desservants, justement effrayés du pouvoir de leurs chefs qu'ils craignent, gémissent en silence sur leur dégradation; ils n'osent protester, car ils savent qu'un châtiment terrible les frapperait aussitôt. Il faut que, la chaîne au cou, ils suivent quelques ambitieux à l'esprit remuant, qui les conduisent vers un mauvais but. Cette situation dégradante avilit le clergé inférieur, qu'on démoralise ainsi. En face de ce danger, j'ai dû ne pas rester muet, j'ai cru de mon devoir de protester au nom de mes pauvres confrères flétris, humiliés sous le joug de l'épiscopat. J'ai écrit un livre dans lequel j'ai dévoilé la malheureuse situation du clergé inférieur. La récompense ne s'est pas longtemps fait attendre; j'ai reçu aujourd'hui la nouvelle de mon interdiction. »

— Infamie! s'écria Édouard indigné.

« — Mon enfant, la religion est la base de la société. Elle exerce la plus grande influence sur la vie des hommes; c'est pourquoi je la veux grande et pure de toute souillure. La religion, dépouillée de sa céleste pureté, enfante des athées et des incrédules. Si elle dégénère, elle ne représente plus Dieu. Par malheur, il existe, dans le sein de l'Église, des ambitieux qui, non contents de miner la base de la religion, en surchargent encore le faîte. L'Église se lézarde de toutes parts et s'ébranle sous leurs coups. Ces ambitieux se servent de la religion comme d'un piédestal ou comme d'un escabeau qu'ils mettent sous leurs pieds. J'ai combattu les véritables ennemis de la religion. O mon Dieu! tu sais que mes intentions sont pures et que mes paroles ont été dictées par l'amour de l'humanité! »

— Mon père, dit Édouard, vous me voyez désolé du coup qui vous frappe. Chasser de l'Église le ministre le plus vertueux qu'elle ait renfermé!

— Ce qui m'afflige, dit le bon pasteur, c'est la désolation que mes villageois vont ressentir. Moi, qui vis avec eux depuis vingt-cinq ans et qui espérais mourir dans leurs bras!

Des larmes coulaient sur les joues du pauvre curé.

— N'oublions pas, reprit-il, qu'il faut se résigner aux volontés de Dieu.

Le lendemain, la fatale nouvelle vola de porte en porte. Les villageois, en apprenant la perte qu'ils allaient faire, refusèrent d'y croire. Ils se rendirent en troupe sur la grande place de l'église. Tout le village était là. Lorsque le bon curé parut, il se vit entouré par une foule de vieillards, de jeunes gens, de femmes et d'enfants. Les villageois étaient désespérés. On eût dit un père abandonnant ses enfants. Les jeunes gens s'étaient précipités aux pieds du curé, les femmes et les vieillards embrassaient sa vieille soutane.

Édouard se tenait sur les marches de l'église. Appuyé contre un pilier, il considérait ce triste et touchant spectacle. Son esprit le reporta aux temps de son séjour à Paris.

— Là-bas, les rires du vice, se dit-il; ici, les pleurs de la vertu. L'homme coupable meurt sans qu'on daigne s'en apercevoir; mais tous les cœurs appartiennent à l'homme de bien; son départ fait couler les larmes de tous les yeux !

Le bon curé, brisé par l'émotion qu'il cherchait à vaincre, dit aux villageois éplorés :

— Du courage, mes enfants, du courage. Nous devons nous soumettre aux décrets de la Providence.

Le bon curé ne put partir le jour. Les villageois s'opposaient à son départ. Il quitta Saint-Ay la nuit, n'emportant rien que sa vieille soutane. Il se dirigea pédestrement vers la demeure du seul parent qui lui restât.

La vieille Jeanne mourut de désespoir.

Édouard sortit de Saint-Ay la même nuit que le curé.

### L'Auberge de l'Union

Après avoir traversé le bourg de Beaugency, le voyageur découvre une hôtellerie dont l'enseigne représente trois hommes à la mine enluminée, qui fraternisent le verre à la main. Aux pieds des buveurs on lit ces mots : *Auberge de l'Union*. Par une belle matinée du mois de juin, une troupe d'enfants en gaieté sautaient, gambadaient, se roulaient sur la grande route. A la porte de l'auberge que nous venons de désigner se tenait une jeune femme, belle encore, malgré sa pâleur. La triste expression de sa physionomie révélait à l'observateur intelligent que les souffrances morales avaient détruit la beauté et la régularité des traits de son visage. Elle paraissait attendre l'arrivée d'une personne. Après avoir caressé du regard un enfant blond qui se débattait comme un petit diable au milieu de ses compagnons de plaisir, elle jeta un coup d'œil sur la route, dont elle semblait interroger les sinuosités. Se montrait-il un voyageur dans le lointain, elle levait les yeux au ciel en implorant Dieu, mais son espoir s'anéantit bientôt. Ce n'était pas *lui*. Découragée, elle finit par s'écrier :

— Mon Dieu! ne reviendra-t-il jamais? ne me sera-t-il plus permis de le revoir ?

Puis elle regarda tristement son enfant.

Cette femme n'était autre que Marguerite. En effet, chaque jour elle se berçait d'une douce illusion, chaque jour elle espérait le retour d'Édouard.

Un mot d'explication.

Lorsque Jacques eut acquis la certitude que son frère était perdu pour Marguerite, il se retira avec elle à Beaugency. Là il put s'établir aubergiste, grâce aux généreux secours de madame de Valdines, qui voulut réparer le malheur dont elle était la cause involontaire. A son départ de Veuves, elle ignorait en effet qu'Édouard y eût pris des engagements sérieux.

*L'auberge de l'Union* prospéra. Le franc caractère de Jacques et l'amabilité de Marguerite plurent beaucoup aux habitants de Beaugency, qui se réunissaient tous les dimanches dans leur endroit favori. On ne connaissait pas la position de Marguerite. Jacques l'avait fait passer pour sa sœur; de plus, il avait conté aux curieux que l'enfant qu'ils voyaient à l'auberge était un orphelin qu'il avait adopté. Cet innocent subterfuge, tout en préservant Marguerite de la médisance et de la calomnie, la jeta dans un embarras assez grand. Elle vit surgir de tous côtés de nombreux prétendants à sa main, qui ne venaient à l'auberge que pour éprouver le charme de son sourire et de ses beaux yeux. De son côté, Jacques recevait de nombreuses demandes en mariage. Quelques-uns même le chargeaient de faire leur cour auprès de Marguerite. Il leur répondait toujours d'une manière évasive : *Plus tard nous verrons*. Cependant cette position ne laissait pas que d'être ennuyeuse, mais Marguerite comptait sur le retour d'Édouard pour l'en délivrer. Tous les soirs elle priait Dieu, afin qu'il exauçât ses vœux.

Un indiscret qui avait connu le père Ménars à Veuves, et qui vint travailler à Beaugency, dévoila la ruse de Jacques. Il apprit à tout le monde que le petit Maurice appartenait à Marguerite. Cette nouvelle produisit une grande sensation parmi les habitants du bourg. Les amoureux se prétendirent mystifiés et ne retournèrent plus à l'auberge. Dans cet état de choses, Jacques dit à Marguerite :

— Je ne veux pas que tu deviennes la fable de Beaugency. Marguerite, il faut prendre un parti.

— Lequel? Jacques.

— Écoute-moi. J'ai espéré comme toi le retour d'Édouard, parce que, malgré l'évidence, je ne le croyais ni ingrat, ni méchant; mais aujourd'hui il ne faut plus y songer. Sans doute il sera devenu riche, et tu penses bien qu'il nous aura oubliés.

— Contrairement à toi, Jacques, lorsque je revois Édouard dans mes rêves, il m'apparaît toujours pauvre et souffrant. Oh! qu'il vienne donc à moi qui l'attends depuis si longtemps, et je lui fermerai ses plaies. L'autre jour, en passant avec Maurice dans une prairie, je fus saisie d'un doute étrange en apercevant à quelques pas de moi un homme qui paraissait abattu par la fatigue; je pensai à Édouard.

— Je sais que mes paroles — dit Jacques — sont dures et amères à entendre; cependant il faut que tu chasses toutes ces idées de ton esprit. Tu souffres horriblement, Marguerite; ne cherche pas à me le cacher. Ces rêves, ces espoirs sans cesse déçus et sans cesse renouvelés par ton imagination te conduiraient au tombeau. Envisage courageusement la triste réalité. Dieu ne ramènera jamais Édouard auprès de nous.

— Qui donnera donc un nom à mon enfant?

— Moi.

— Toi, Jacques?

— Le mariage ne me changera pas, Marguerite, je ne serai toujours que ton frère. Tu sais que cet imbécile de Perrin nous a livrés à la malveillance du public. La méchanceté a beau jeu; déjà on parle bas en notre présence. Je ne veux que personne ait le droit de te mépriser, entends-tu, Marguerite. Un mariage fermera la bouche aux médisants et détruira en outre les trompeuses espérances qui te tuent. Réfléchis à ce que je te dis. Un amour sincère pour toi me dicte cette proposition. Tu es parfaitement libre de ne pas l'accepter.

— L'amour des anges n'est pas plus pur que le tien. Jacques, que n'as-tu fait pour moi? Sans ton dévouement, que serais-je devenue! Tu as raison, je ne vivrais pas une année de plus dans cette cruelle attente. Puisque tu te résignes à un dernier sacrifice pour moi, j'accepte ton offre. Ai-je jamais été d'un avis contraire au tien?

On publia les bans.

Édouard occupait toujours la pensée de Marguerite. Le jour même de son mariage elle ne désespérait pas encore. Comme nous l'avons vu, elle regardait sur la route.

Édouard arriva à midi à Beaugency. M. de Tercy lui avait bien parlé du bourg qu'habitait son frère, mais il ne lui avait pas indiqué la rue. Édouard demanda la demeure de Jacques Ménars. On la lui indiqua. Il se traînait avec peine, tant il était fatigué. Enfin, il parvint à gagner l'auberge et il frappa à la porte. On vint aussitôt lui ouvrir.

Édouard s'arrêta dès qu'il aperçut son amante. Marguerite avait déjà revêtu sa robe blanche. Un bouquet d'oranger ornait sa ceinture. Elle recula de frayeur devant le jeune homme. Les longs cheveux noirs d'Édouard, blanchis en certains endroits par la poussière de la route, tombaient sans ordre sur ses épaules. Le désespoir et la fatigue avaient creusé des rides sur son visage. Ses yeux, animés autrefois d'un éclat extraordinaire, semblaient éteints dans leurs orbites.

— Ciel! s'écria Marguerite après avoir regardé quelques instants Édouard, c'est une vision!

— Non, répondit le jeune homme, ce n'est pas une vision, c'est Édouard. Je conçois que tu recules devant mon fantôme. J'ai subi un grand changement, n'est-ce pas, Marguerite? C'est que la folie use vite l'homme. En effet, ne me suis-je pas conduit comme un insensé en fuyant un paradis terrestre? ne m'aimais-tu pas, sainte créature? mon père et mon frère ne me chérissaient-ils pas? Ah! je ne savais pas de quel prix était l'amour, ce précieux bien du ciel. Il a fallu que mes folles pensées me jetassent dans la foule de ces êtres dont le cœur ne

bat plus. Abandonné à la fougue de mes passions, sans frein pour leur résister, ces faux amis m'ont fait rire de la vertu, de la vertu, qui est la première cause du bonheur. Tout en se roulant dans la fange comme des pourceaux, ils méprisent l'aigle qui plane dans les airs. Ils me méconnurent lorsque j'eus besoin d'eux. Alors je songeai à toi, Marguerite, qui m'as prédit mon sort dans une de tes lettres : *Rappelle-toi, Édouard, que le bonheur s'éloigne toujours du criminel.* Ma pensée, fatiguée de tous les bruits, désirait une oasis. Je reconnus que j'avais dédaigné un ange de vertus. Je condamnai ma conduite et je revins sur mes pas. Il me restait une dernière espérance, mais elle vient de s'évanouir. J'arrive trop tard, un autre a réparé ma faute. Quoique je souffre, Marguerite, car je t'aime passionnément, aujourd'hui que je sais t'apprécier, je ne dois pas me plaindre. Ne t'ai-je pas donné le droit de m'oublier? Dieu est juste, il m'inflige le châtiment que je mérite.

— Édouard, dit Marguerite d'un ton de reproche, tu m'accuses trop promptement. Tu ne connais pas les souffrances aiguës que m'a causées ta longue absence. Dans mes rêves, je te voyais revenir vers moi. En adressant mes prières à Dieu, je pensais à toi. Ingrat, ton souvenir ne m'a pas quittée un seul instant.

— Chère Marguerite, je ne suis pas digne d'un attachement pareil; mais n'espérais-tu plus me revoir? Que signifie ce costume, ou plutôt quel est l'homme qui te ravit à mon amour, à mon adoration?

— Ton frère.

— Jacques!

— Je ne suis pas encore mariée.

— Oh! je lui parlerai, je le fléchirai. Jacques est bon, il ne voudra pas me réduire au désespoir.

— Je l'entends. Retire-toi dans cette chambre. Je vais le préparer à te recevoir.

— Je t'obéis.

— Que fais-tu donc là? demanda Jacques à Marguerite; je t'attends depuis une demi-heure. Comme tu parais émue?

— J'ai reçu une étrange visite.

— Ah! mon Dieu! quelle est cette visite? Tu me donnes de l'inquiétude.

— Avant tout, dis-moi, Jacques, si Édouard paraissait devant toi, oublierais-tu toutes ses fautes?

— Pauvre frère, je l'aime malgré sa conduite, en dépit de lui-même. Je te l'avoue, si je le revoyais, je n'aurais sans doute pas la force de lui adresser des reproches. A quoi sert-il de parler d'Édouard, de nous attrister ainsi, puisqu'il ne reviendra jamais.

Édouard parut en ce moment à la porte de la chambre.

— Tu te trompes, Jacques, dit-il à son frère étonné, l'homme revient tôt ou tard près de ceux qui l'aiment.

— Édouard, je ne peux te montrer un visage sévère, car ton retour me comble de joie; après tout, personne n'est infaillible.

Édouard arrosa de ses larmes la main que son frère lui tendit.

— Toujours bon, toujours généreux.

— N'en parlons plus. Tu as perdu ta fraîcheur d'autrefois, mon pauvre Édouard. Dis-moi, tu as de la peine à te soutenir; il faut te reposer.

— La joie me donne des forces.

— Ton arrivée ne nous as pas surpris, dit Jacques en riant, nous t'attendions. Vois, Marguerite s'était préparée. A propos, tu la conduiras à la mairie aujourd'hui même. Frère, je serai témoin de ton mariage.

— Jacques, comment reconnaîtrai-je tant de générosité?

— En rendant heureuse celle qui a souffert loin de toi, et qui serait morte de douleur sans ton frère.

— Oh! je te le jure, Jacques, tu seras satisfait.

— Édouard, dit Marguerite en désignant Maurice, qui accourait vers sa mère, devines-tu quel est cet enfant?

— C'est un membre de ta famille.

— Mon fils! mon fils chéri! Je l'ai déjà vu, ce me semble.

— Dans le grand pré, je t'ai donné du pain, monsieur, dit l'enfant.

— Une femme ne l'accompagnait-il pas? demanda Édouard.

— C'était moi, répondit Marguerite; par malheur, je ne te reconnus pas.

— O mes amis! s'écria Édouard ivre de joie, en prenant la main de Jacques et celle de Marguerite, plus de désirs ambitieux, plus de folles idées. Je ne m'exposerai plus aux colères de la tempête. Pardonnez-moi, je m'étais trompé de route. C'est seulement au milieu de vous, dans le calme de la vertu, dans une vie modeste, que se trouve le bonheur.

— Très-bien, frère, dit Jacques attendri. D'ailleurs, je serai là pour t'encourager à marcher dans le bon chemin!

### ÉPILOGUE

Trois mois environ après le mariage d'Édouard et de Marguerite, un vieillard, dont le corps était mal couvert par quelques vêtements en lambeaux, se présenta à l'*Auberge de l'Union*. Marguerite et les deux frères se trouvaient réunis.

— *La charité, la charité, s'il vous plaît*, dit le vieillard en tendant une main débile.

Édouard jeta un cri de surprise en apercevant le mendiant. Il reconnut le curé de Saint-Ay.

— Vous, mon père! s'écria-t-il, vous dans cet état!

— Mon fils, répondit le vieillard, le pain qui suffisait à ma subsistance de chaque jour m'a été ravi. Je suis réduit à recourir à la charité publique. Les ambitieux qui m'ont interdit me poursuivront et me persécuteront, mais ils ne parviendront jamais à effacer mon titre sacré de ministre du Seigneur. La robe ne fait pas le prêtre. Ceux qui ont l'Évangile dans le cœur et non sur les lèvres, ceux-là, vous dis-je, sont les véritables prêtres de Dieu!

L'auréole du martyre couronnait la vénérable tête du curé de Saint-Ay. Marguerite et les deux frères, entraînés par un mouvement irrésistible, se prosternèrent devant l'infortuné vieillard.

— Je vous bénis, mes enfants, dit le mendiant en étendant ses deux mains au-dessus des jeunes gens agenouillés.

— Mon père, s'exclama Édouard, vous m'avez sauvé, vous m'avez donné l'hospitalité. Restez donc avec nous; vous serez le chef de notre famille. Notre amour vous dédommagera des injustices dont vous êtes victime. Regardez, vos trois enfants vous implorent à genoux.

— Mon fils, je vous remercie de votre offre généreuse, mais je ne puis accepter. Mon œuvre n'est pas terminée. Il y a encore sur terre des larmes à essuyer, des cœurs à vivifier, des âmes perdues à diriger vers le ciel, de grandes infortunes à consoler. Avant que le livre de ma vie soit fermé, je dois porter la parole de l'Évangile dans les chaumières et dans les palais, afin d'alléger les peines du pauvre et d'amener le riche à secourir son semblable. Les fatigues de la route ne me décourageront pas; je ne m'arrêterai qu'à la tombe. Priez Dieu, mes amis, priez Dieu pour vos frères malheureux!

Le vieillard prit son bâton et se remit en route.

FIN DE L'ORPHELINE DE WATERLOO

Paris. — Imp. de Édouard Blot, rue Saint-Louis, 46.

9 782329 671284